知識ゼロからの

手抜き掃除

らくらくお掃除研究会 編著

幻冬舎

本書の見方・使い方

本書は、忙しい主婦たちの手抜き掃除アイデアを集めて構成しています。ひとつの箇所に数種類の掃除方法を紹介したページもあります。決まり、はありません。本書をヒントに、あなたのやりやすい方法を工夫して、キレイに暮らしてください。

知恵コラムでは、おばあちゃんの知恵のような昔ながらの方法、エコを考えた方法、究極の手抜き法を紹介しています。

Part 3 以降のページには、以下のように、掃除の頻度の目安を載せました。参考にしてください。

毎日	できたら、気持ち程度でも、毎日したいところです。
本格派	時間をとり、準備をして、とりかかりたいところです。
日常	毎日ではなくても、気づいたときにしたいところです。
工夫	こうしておけば、掃除が簡単になるという工夫です。

Part 2 掃除しやすい部屋づくりから 33

Part 3 キッチン掃除は「温かいうち」がコツ 49

Part 6 開口部は自然の力を利用して

緊急事態

急な来客！
キレイに見せる
ごまかし技

☎「いま駅に着いたところ。あと５分で着く」。
さあ大変。ひごろ掃除をしていないことが
あの人にバレるのはマズイ。

……だいじょうぶ。5分あれば、なんとかなります。
さあ、始めましょう。

ワンポイントアドバイス

とにかく“見た目”だけ

1 知っておく

ホコリだまりだけチェックする

ホコリが集中的にたまっているところは、ここと ここ

ホコリのたまるところ

動線や間取りから、いつもホコリがたまるところは、決まっています。自室のどこにホコリがたまりやすいか知っておけば、いざというときすぐに手をうてます。

フローリングの場合

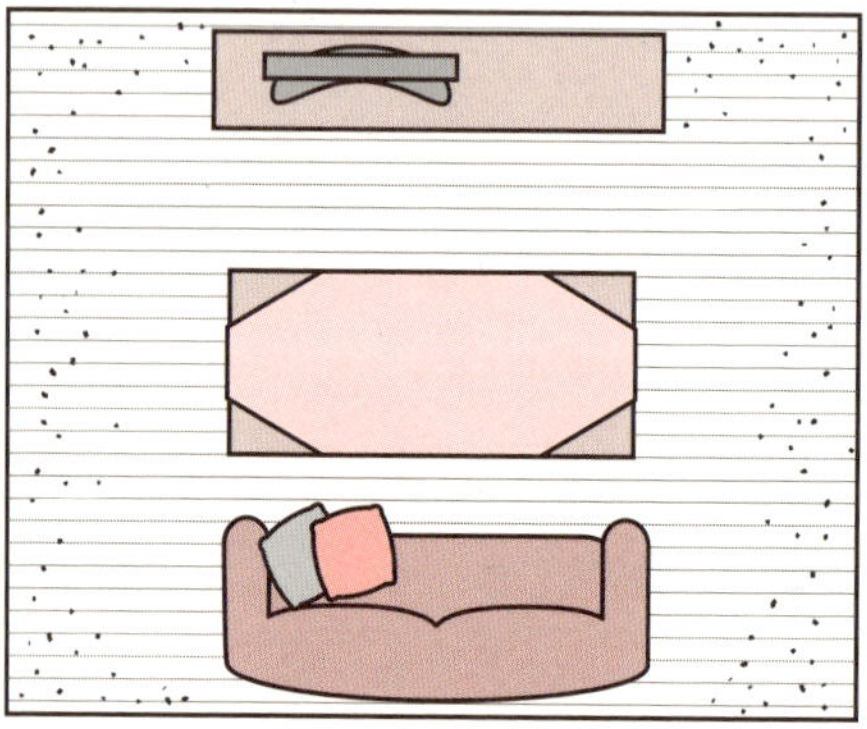

ホコリが風に舞って、部屋のすみにたまっていく。とくに四すみが“ふきだまり”状態になる

カーペットの場合

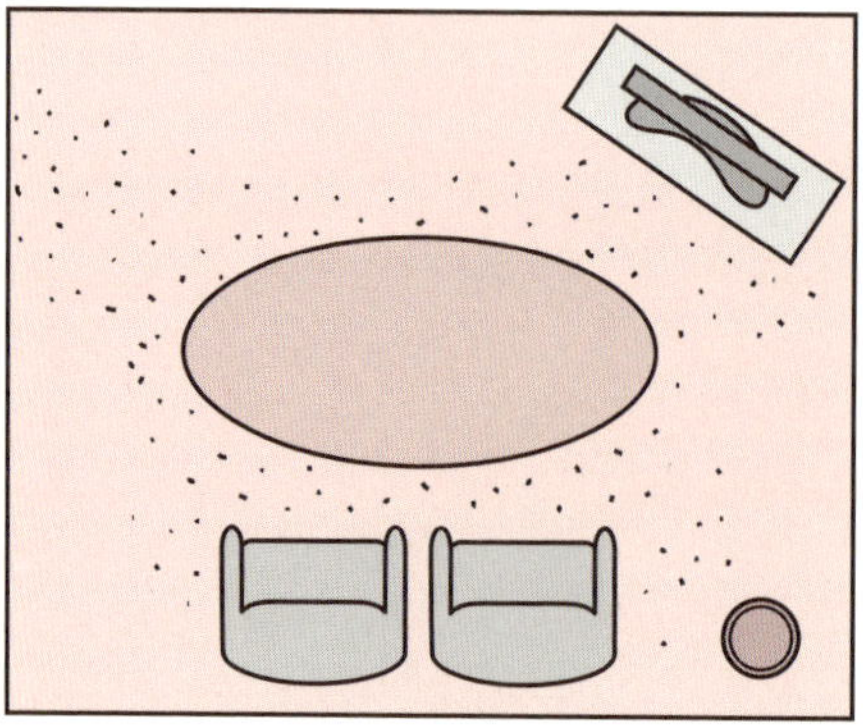

人が通るところにホコリがついたままになる。ソファの足元、テーブルの周囲、出入り口に注目

雑巾でホコリもゴミもいっしょにサーッとひとふき。使った雑巾は、風呂場など洗い場にほうりこんでおく。カーペットの場合は“そこだけ掃除機”か、ガムテープを輪にして（P121参照）

お客様を通す部屋だけでいいんです。ホコリがたまっている部分だけ、サッとふきとります。ついほかに目がいって、ここもふいておこうなどと思わないこと。欲張らず、ポイントだけに集中します。

捨てるだけ

小さく切った古布か、街頭でもらったティッシュペーパーがあれば、こういうときにこそ使います。あとは捨てるだけ。最高に簡単です。

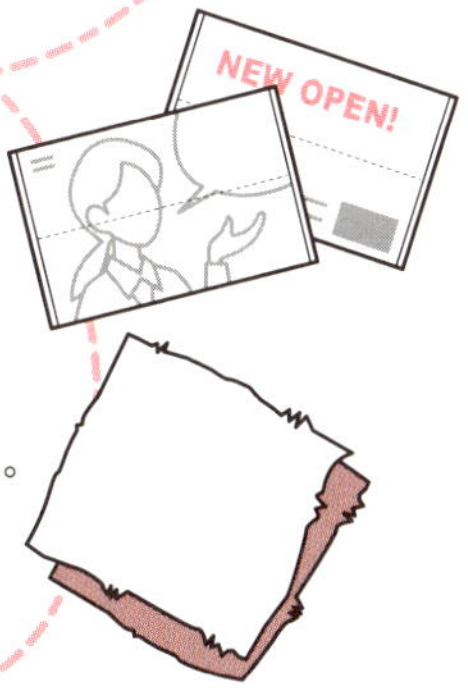

2 整列させる

ちらかった物は
一ヵ所にまとめる

くつを並べる

お客様が最初に通るのは玄関です。くつが脱ぎちらかしたままになっていませんか。まずくつを片づけましょう。げたばこに入れられればいいのですが、時間がなければ、並べるほうが早いです。

正面はあけておく

ここにお客様のくつをお脱ぎください、という意味で、正面はあけておきます。

通路にならない、玄関のすみに一列にくつを並べる。玄関のホコリ隠しにもなる

角をそろえて積む

新聞、雑誌、プリント類など、しまえるものはしまい、緊急なら角をそろえて積みます。家具、かけられた額やタオルも、直線にするだけで、部屋の中がなんとなくスッキリ見えます。

テーブルの上をチェック。汚れた食器はすぐに片づける。雑貨類は、しまう場所に迷うぐらいなら、キレイに置いておくほうが早い

まっすぐにする

いすやテーブルも平行に並べます。まっすぐにすれば乱雑感がなくなります。

大きさをそろえる

テーブルのすみに置くにしても、大きさを考えて。大きい物は下に、上に小さい物を。

3 光らせる

使いそうなところだけピカピカさせる

便座の裏表をふく

ぜひキレイにしておきたいのはトイレと洗面所。お客様が使うとき、不潔に感じさせてしまうのは最悪です。コツは水洗金具類を光らせておくこと。見た目の輝きが印象を変えるのです。

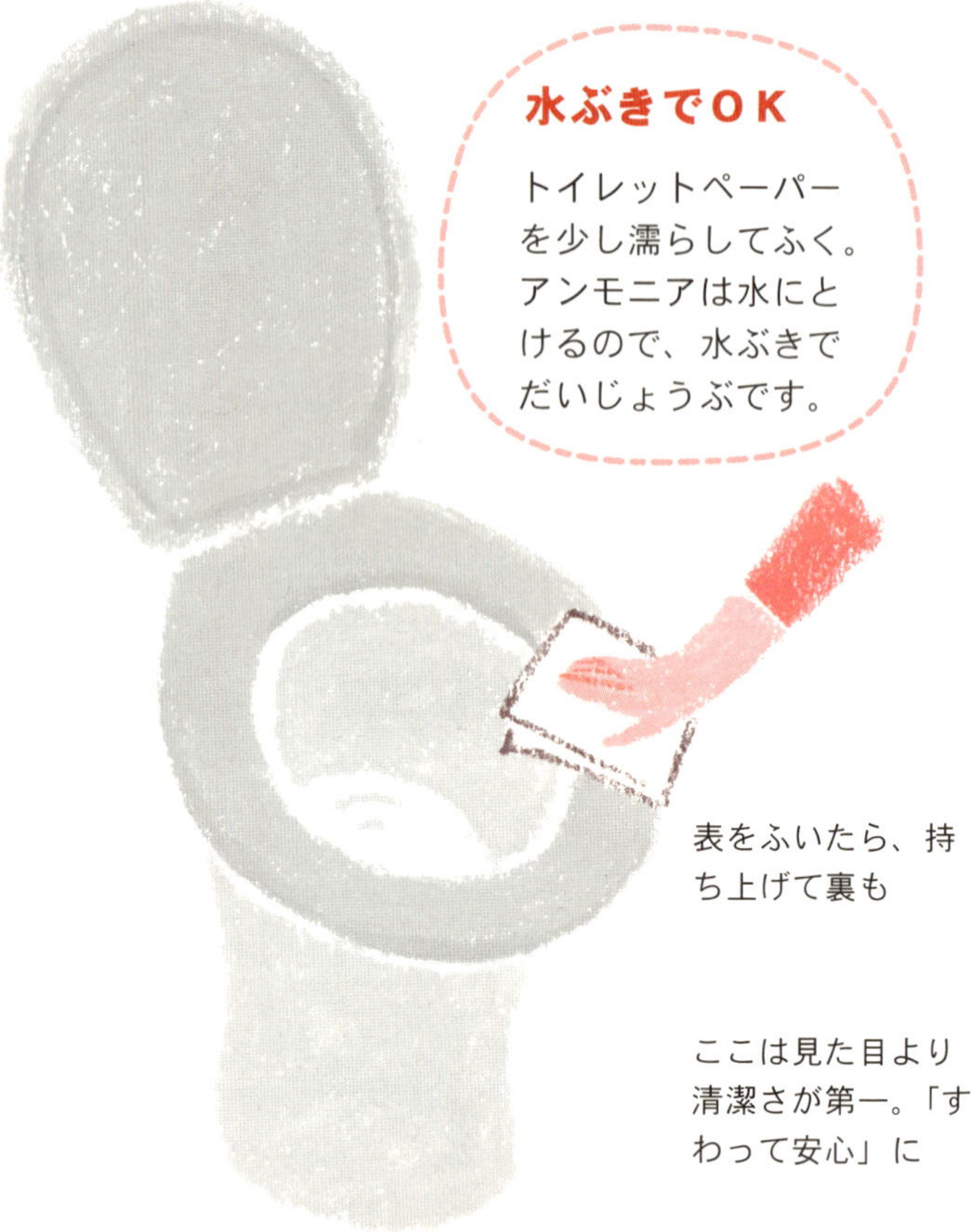
水ぶきでOK
トイレットペーパーを少し濡らしてふく。アンモニアは水にとけるので、水ぶきでだいじょうぶです。
表をふいたら、持ち上げて裏も
ここは見た目より清潔さが第一。「すわって安心」に

手ふき用タオルをまっすぐにする。新しいタオルに交換できればベスト

水洗金具を急いでみがく

めがねを使っている人は、めがねふきが水洗金具をみがくのに最適です。めがねふきなどない、という人はハブラシで。あるいは化粧用コットンでも、やらないよりはマシ。あとは新しい手ふき用タオルを出しておけば、好感度アップです。

めがねふきは繊維が細かく、織り方が特殊な布。水洗金具を光らせるだけでなく、ほかの掃除にも使える

めがねふきで

水で少し濡らし、
急いでこすります。

みがいて流す

このさいハブラシ1
本を掃除用にまわす。
はみがき粉をつけて
ゴシゴシ。水で流し
たあと、乾いた布で
ふきます。

タオルでもいい。乾いた布で水けを残さずふいておくことがコツ

4 イメージ

まめに家事やってま〜す、という演出をする

エプロン姿でニッコリ迎える

なにごともなかったように、悠然とほほえんで

ここまで
3分!
5分なら
余裕でできる

ここまで応急掃除をしたら、なんとか格好はつきます。

そして最後の奥の手、エプロンをかけてしまいます。家庭的イメージで、すべてアラ隠しというわけです。

お客様がいらしたら、「どうぞ、どうぞ」と愛想よくお迎えしましょう。「ちらかってるけれど……」と言うのは、意識させるので逆効果です。

掃除さえすんでいれば、「紅茶とコーヒー、どちらがいいですか?」などと、お客様の目の前でお茶のしたくをしてもおかしくありません。

Part 1

手を抜く代わりに頭を使う

掃除をする気が出ない人は、
手を動かさないぶん、頭を働かせましょう。
絶対に掃除しなくてはならない状況を、
自らつくり出すため、お客様をよぶのもひとつのテです。
汚い部屋には通したくないでしょうから。

ワンポイントアドバイス

人をよぼう。掃除のきっかけになる

きちんとできない。だから工夫する

いつも手抜きを考える

「いかに楽に、簡単にキレイになるのか」を、いつも頭のすみに置いておきましょう。

「ついで」の心で

一度にやらず、ほかの作業といっしょにします。タオルを洗濯カゴに入れる前に棚をふくなど。

工夫の情報に敏感に

オシャレな物や、便利な物、ほかの人が家事にどんな工夫をしているのか、雑誌などでチェック。

最悪の状態を忘れない

掃除をしないでほうっておくとどうなるか。経験があるなら、その状態を忘れないで。なくても想像すればゾーッとするはず。

雑誌の掃除特集を見て“つもり”掃除。いつか役立つ

忙しい、時間がない、という口実のもと、掃除をついつい後まわしにしていませんか。言い訳を考えず、ここはいっそのこと、掃除嫌いを自覚しましょう。工夫は、嫌い、できない、優先順位が低い、という自覚から生まれるのです。

じつは、掃除好きな人にはアイデア不要です。こまめにきちんとノーマルに、毎日実行しているからです。

それができない人は、ムリをせず、自分の性格や時間に合った掃除方法を考えましょう。いつも気持ちよく暮らしたいのは、掃除する人もしない人も同じはずですから。

キレイの感性は大切にする

“不潔で汚い”に敏感になり、“キレイ”の感性を忘れないで。自分なりのちょっとしたぜいたくをして、その感性を膨らませるのもいいでしょう。毎日の暮らしの中で、気分がいい状況を演出します。

スッキリ、さっぱりの気持ちを味わう

掃除をしてキレイになると、すごく気持ちがいいものです。その気分をしっかり感じてください。

いつも乾いたタオルを使う

タオルをどんどん洗濯して、つねに清潔な物を使うと、ちょっとしたぜいたくを味わえます。

この感覚を忘れないで
ふわふわの清潔なタオルで、室内がキレイになるのは、いい気分
意外にホコリがたまっているところ

ついでに掃除

汚れていないタオルを洗濯するのは水がもったいないというのなら、いすや棚をふいてから洗濯を。

使ったらこすっておく。これだけ

シンクは片づけの最後に

食器類を洗ったあとで、シンクをザッと流しながらこすっておきます。

台ぶきでも、
スポンジでも、
ふきんでも。
台ぶきや
ふきんは
洗濯機へ
ポイ
湯で流しながらこすれば、洗剤不要
栄養分を含んだ水分がとんでいる。
これがカビのエサになる

汚れは表面に付着するものです。だから、こすれば落ちます。

毎日使う、シンク、レンジ、トイレ、洗面台の四カ所、料理をしないなら二カ所。せめてこれだけは使ったあと、ササッとこすっておきたいものです。

ほかの場所は毎日掃除をしなくてもだいじょうぶ。ひとり暮らしで昼間いないなら、床などは、かなりほうっておいてもかまいません。

ただし、汚れは家族数に比例します。夫婦、子ども（小学生の男子）二人、ペット、という家族構成では、そうはいきません。ホコリだまりだけでも、ときどきチェックしましょう。

こすっておきたいところ

要するに水まわりです。水まわりは濡れているうちにこすっておきましょう。ほうっておくとカビが出て、ひどいことになります。

汚れがなければ台ぶきでザッとひとふき

レンジの汚れ

汚れはスポンジか古布でこすり、乾いた布でふきとる（Ｐ62参照）

湯で濡らしたスポンジでこする

洗面台

小さくカットしたメラミンスポンジでこする（Ｐ46、97参照）

メラミンスポンジをカットして常備しておくといい

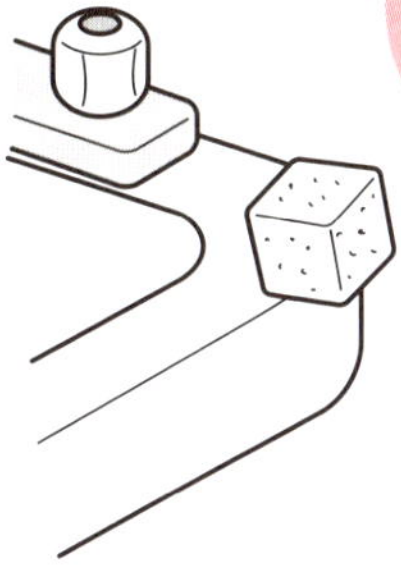

トイレットペーパーをくるくる丸めてかるく水で濡らし、ふいたら流す

トイレ、便座

使用したあと、トイレットペーパーで便座の裏表をザッと水ぶきする（Ｐ90参照）

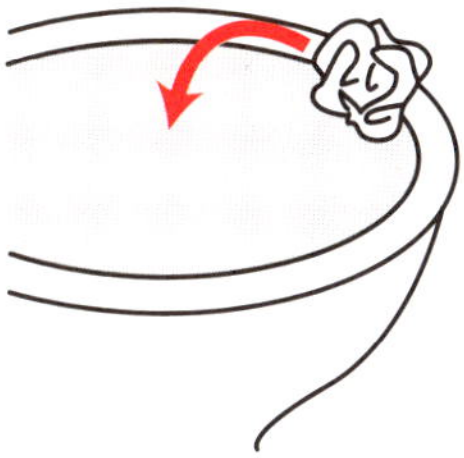

掃除を義務にしない

水まわり以外は毎日掃除をする必要がありません。気づいたらする、という程度。義務にせず、気楽にかまえましょう。

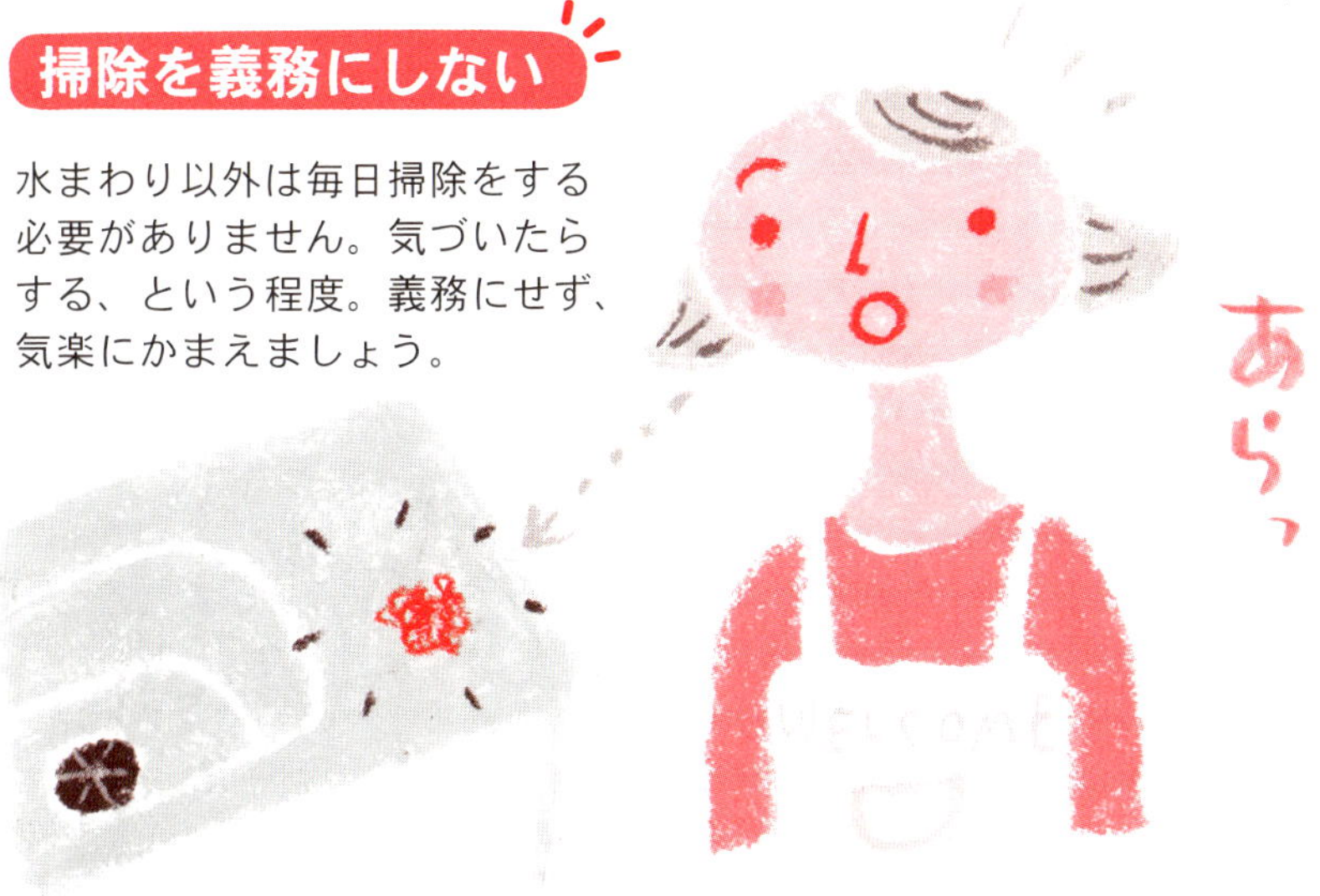

敵――ホコリとカビの正体を知る

ホコリの正体

ひと口にホコリといっても、その内容は数種類のもので構成されています。綿などの繊維くず、花粉、砂、泥、食べ物のくず、人から出るフケやアカなどに、カビやダニが発生したものが、ホコリの正体です。

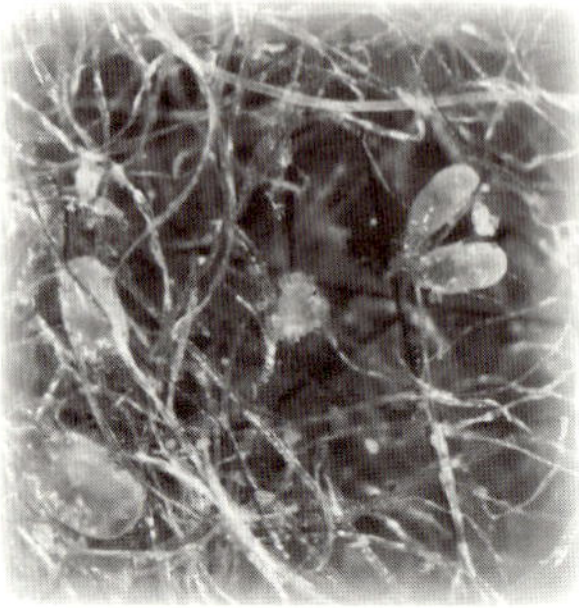

ホコリ

ダニのエサになるものが付着している。湿度があればカビも。吸いとるか集めて捨てるしかない

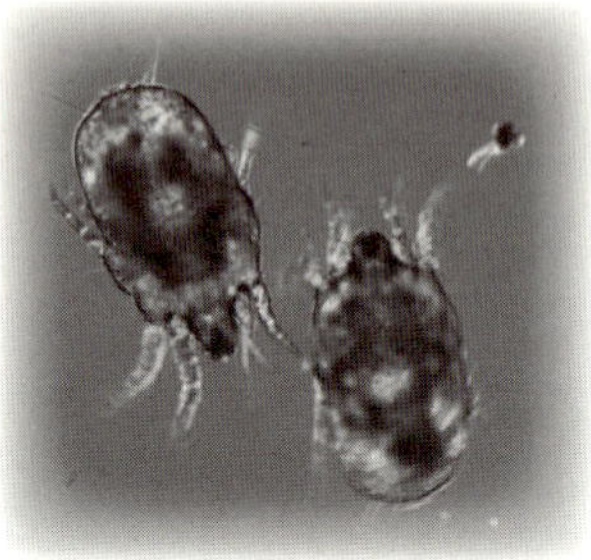

ダニ

刺されたことがないから安心とはいえない。人を刺すダニばかりではない。アレルギーなどのトラブルのもとがいっぱい

掃除の二大敵はホコリとカビです。ホコリじゃ死なない、などと言いますが、ホコリの実態を知れば、そんなことは言っていられなくなります。

上の写真をごらんください。あなたは、こういったものといっしょに暮らしたいですか。自分の周囲にウヨウヨしていることを知り、意識を高めれば、汚れが気になるようになるはずです。

だいいち、オーディオなどの電化製品は、ホコリで死んでしまいます。

カビをカラフルでキレイだと思いますか。カビは悪臭のもと、病気のもとです。ひとつひとつアップでみると、ゾーッとしてくるでしょう。

カビの正体

カビは胞子で増えるもの。空気中には多量の胞子が舞っています。胞子はホコリにつき、増殖していきます。浴室だけでなく、居室でもカビは油断できません。アレルギー、皮膚病などの原因にもなります。

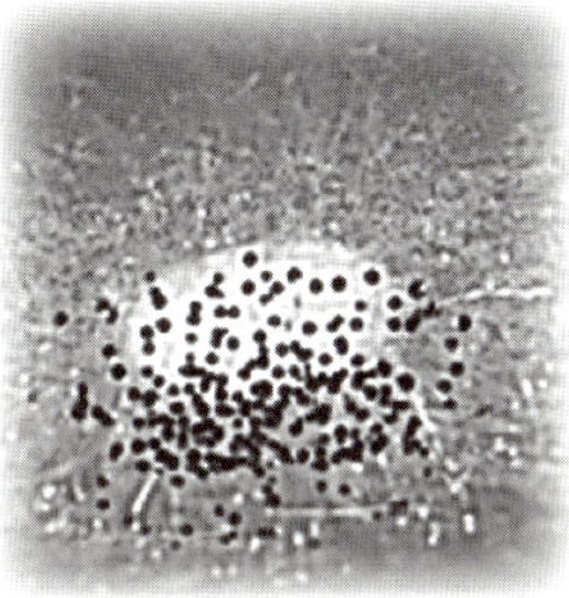

カビ

使ったものはこすって汚れを落とし、乾燥させておく。カビの胞子が付着しにくくなる

黒色、黄色、ピンク色など、多種多様

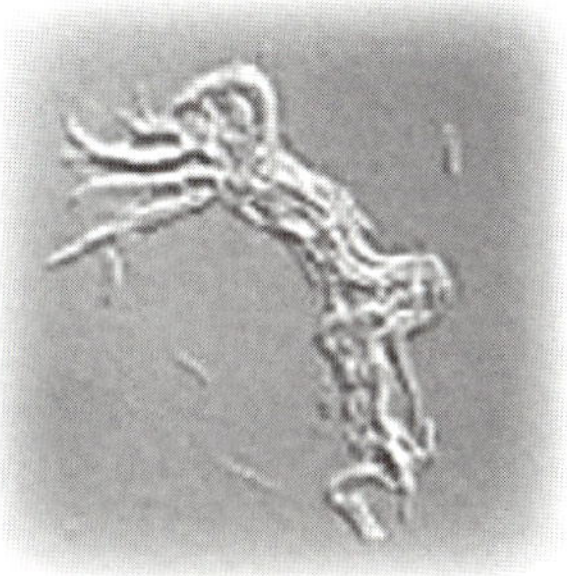

細菌

かぜや皮膚病、食中毒の原因菌など。珍しいことではなく、意外に大量に身のまわりに

知恵

除菌よりも手洗いを

細菌の多くは手を介して口から体内に入ってきます。抗菌、除菌グッズは多くの種類が市販されていますが、こうしたスプレーや洗剤を使うより、まずは手をよく洗うことが大切です。

できれば石けんを使って湯で洗い、清潔なタオルでふきましょう。

手をふくタオルもよく乾かしておく

石けんで、まめに手洗いをするほうが除菌には効果的

写真協力：ダスキン

ホコリを出さない動き方をする

静かに動く

もっともホコリが出るのはふとんです。むだにバサバサしないよう心がけます。ホコリを少なくすれば掃除の回数が減らせます。

起きたあと、静かにふとんを整えます。
掛けぶとんをバサーッとまくったりかけたりしないように。
寝るときにはスーッとすべるようにふとんに入る

ホコリのもとは衣類やふとんから出る繊維です。衣服の脱ぎ着のときや、ふとんの上げ下ろしをバサバサすると、ホコリが飛び出て、空中に舞い、時間がたつと下りてきて棚や床に積もります。床に積もったホコリは人が歩くたびに舞い上がり、じょじょにすみにふきだまっていきます。

あまりバサバサしなければ、ホコリが出る量もぐっと減ります。つまり、優雅な動作を心がければいいということ。美しく暮らしましょう。

また、物を食べる場所は決めておくこと。食べ物のカスが落ちると、カビやダニ、ゴキブリが喜ぶだけです。

花粉の季節は、花粉症でなくても、玄関に入る前によくはたきます。

小さく動く

衣服の脱ぎ着のとき、ホコリをできるだけ少なくするためには、脱ぎ着の動作そのものを静かに小さく、なめらかにすることです。

脱いだ物はバサッと置かず、かるくたたんでそっと置くか、風通しのためにハンガーにかけます。

脱ぎ着はそっと、
美しく、を心がける

こんな工夫もしてみては？

- 布製より革製のソファを
- カーテンは必要以上に開け閉めしない
- 子どもはなるべく外で遊ばせる
- 玄関に入る前に衣服をよくはたく
- 毛布にはカバーをかける

洗剤は使わない。手間が減る

ちょっぴりエコに

食器洗いや掃除に、なるべく洗剤を使わないですむ方法を考えましょう。

水ぶきでＯＫ

そのたびに洗剤を使わなくても、水ぶきをしていれば、洗剤を使っての掃除の回数が減らせます。→トイレの便座など

水洗いでＯＫ

洗剤を使わなくても、湯とたわしでこするだけでキレイになります。→鍋など

二度ぶきをしなくてＯＫ

洗剤を使わなければ仕上げぶきがいりません。揮発するアルコールを使うのもテです。→シンク下など

海を汚すのは生活排水

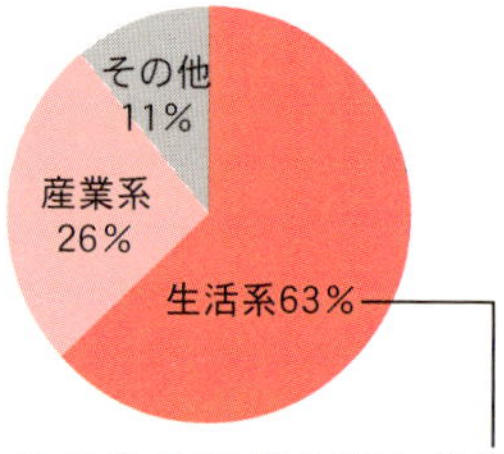

このうち約40％が台所から出る未処理水。海に流れていく

東京湾での発生源別汚濁負荷量（ＣＯＤ）、平成13年、環境庁

洗剤を使うと、仕上げやゆすぎや二度ぶきなど、手間が増えます。洗剤を使わなければ、手間が半分ですむというわけ。肌荒れもしないし、お金もかかりません。使うにしても最小限にします。

なによりも洗剤に含まれる界面活性剤の使用を減らすのは、海を守る、地球を守ることにつながります。

ゴミを減らすことも心がけたいのですが、どうしても多少のゴミは出てしまいます。それなら、捨てる前に掃除に使うのもひとつの方法。リユースです。本来の役割に、掃除という役割をプラスしましょう。

捨てるついでに掃除する

ゴミにするものを使えば、掃除のあとは捨てるだけ。
洗剤を使わずにすみ、雑巾を洗う手間も減らせます。

その日の飲み残しのビール

↓

トイレに

炭酸なので洗剤代わりに。コンロやシンクの汚れ落としにも使える。米のとぎ汁を使うのもいい

化粧水をつけたコットン

↓

洗面台に

コットンを捨てる前に洗面台をくるりとひとふき。鏡をふくのは化粧水の内容しだいでくもることも

はじっこしか使ってないティッシュ

↓

床のホコリだまりに

ちょっと使っただけで捨てるのはもったいない。その部分を避け、部屋のすみをサッとふきとって

お茶の葉っぱ

↓

玄関に

出がらしで開ききったお茶の葉を玄関のたたきにまく。ホコリが舞わずに掃除できる。たたみにも

コーヒー

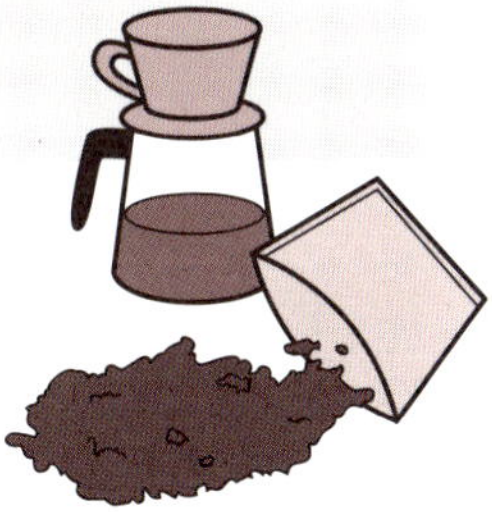

↓

フローリングに

コーヒーのかすを布袋に入れて、フローリングのワックス代わりに。生ゴミの上にまけば脱臭にも

野菜くず

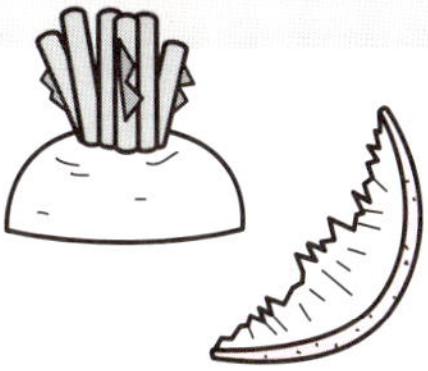

↓

シンクに

くるりとひとふきしてから捨てよう。大根はスポンジ代わり、レモンはアルカリ洗剤代わりに

大掃除は物理学的に秋がおすすめ

秋にする物理的メリット

大掃除は初秋がベスト。窓を開けはなってホコリを追い出し、ガンガン丸洗いがいちばん楽な掃除方法です。気分だけでなく、物理的にもおすすめの理由がいくつもあります。

- **気温**
  - 窓を開けはなつことができる
  - 水仕事がつらくない
  - 外にいても寒くない
  - 油がゆるみ、落としやすい
- **湿度**
  - 湿度が低いので洗った物がすぐ乾く
- **生物**
  - 花粉が春ほど飛んでいない
  - 害虫の活動が終わり、一気に駆除できる

大掃除は気分的には年末という人が多いでしょうが、実際には、寒くて大変。水仕事もつらいし、外掃除をする身じたくだけでひと仕事です。

夏、という意見もありますが、炎天下での作業になり、疲労こんぱいしてしまいます。

大掃除は、秋の気候のよいときがベストです。とくにキッチンは寒いと油汚れがかたまって落ちにくくなるので、冬は避けたいもの。キッチンだけ夏にするのもいいかもしれません。

年末は玄関の掃除程度にして、あとは新年を迎えるための飾りつけのほうに精を出しましょう。

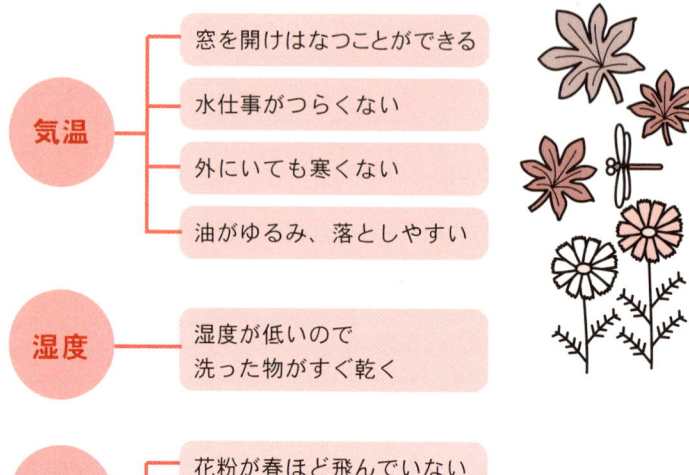

家ごと丸洗いできる

物が汚れたら洗うように、家も汚れたら洗いましょう。濡れてもいい格好で思いきってザブザブ水洗い。洗剤は不要です。“掃除”ではなく“気持ちいいこと”しましょう。

Q 室内に水が入らないの？

A 台風で暴風雨が吹き荒れても、雨漏りや雨水が入ってこない家ならだいじょうぶです。

デッキブラシでこすりながら、水で流す
ドア
玄関ドアもかるくこすり洗いしちゃいましょう。
LOVE
窓ガラス
上から下へ水で流しながらこすり洗い。
壁
かるくこすって水で流し、表面の汚れをとります。
水で土がドロドロになる。できれば長靴をはきたい

プロに依頼するのも考え方しだい

お金と時間のどちらをとるか

お金も時間もたっぷりある、という人はなかなかいないもの。たいていはどちらをとるかの選択になります。ハウスクリーニングを頼むかどうか、まさに思案のしどころです。

エアコンなど、プロに掃除してもらうとカビやダニの心配なく使える。その安心を買ったと考えればいい

めんどうな掃除はプロに頼む人も少なくありません。手間暇かけるより、お金で解決するという考え方です。

最近はハウスクリーニングが大人気で、早めに予約しないとならないほど。頼むなら、年末や春の引っ越しシーズンの繁忙期を避け、夏がいいでしょう。業者によっては「夏のシーズンオフ割引」みたいなサービスがあることも。しかも「暇なときだからていねいにやってくれる」ような満足感（気のせいかも）もあるので、お得です。

シルバー人材センターを頼む方法もあります。それぞれの市区町村の窓口に問い合わせてみましょう。

頼むならシーズンオフに

業者によっては数ヵ月待ちのところもあります。とくに混むのは10月末から12月いっぱい。この時期は避けたほうがいいでしょう。

Q 家具を傷めない？

A

業者が家財保険に入っているかどうか確認しておくと安心です。

洗浄液は、中和させるなど、環境にやさしい処理をしてから廃棄

機械と技をもっている

研修を受け、きちんと技を身につけたプロが担当します。掃除する箇所によっては、専用の掃除機械もあります。

人数、場所、所要時間によって料金が違う。見積もりをとろう

業者からのアドバイス

人気のメニューは

風呂場と台所、トイレの水まわりです。セットコースを設けている業者もあります。エアコンだけ、洗濯機だけの依頼もあります。

頼む人は

専業主婦の方も多く、30代から60代まで幅広くいます。母の日のプレゼントに、という人も少なくありません。

料金は

業者によりますし、同一業者でも地区によって違います。入梅前のカビ予防セットなど、お得な料金設定がある業者も。

エアコンのみ、洗濯機のみでも依頼できますが、技術者の出張料金（日当）を考えると、１ヵ所だけの依頼は、割高になることもあります。

取材協力：ダスキン

掃除に掃除以外の意義を見つける

ストレス解消

部屋のちらかりは心のちらかり具合を表すとも言います。つまり、部屋がスッキリすれば心もスッキリというわけ。こんなに心にいいこと、やらないと損です。

キレイになれば、だれでもうれしいはず。掃除は最高のストレス解消法

掃除といっても動作は五つ。このうち「ふく」「洗う」「こする」が多く、「吸う」「掃く」は少ないのです。たった三つの動作をすればいいだけ。簡単なことだと思いませんか。

それでも掃除は……という人。掃除、と思うからいやになるのです。掃除ではなく、別の、自分にとって大切な意義を見つけましょう。

ひごろは絶対必要なところだけキレイにしておいて、少しやる気が出たとき、ストレスがたまったとき、運動不足だと思ったとき、その解消に、少し時間をとってマイ・イベントと思ってやってみてはいかがですか。

運動不足解消

このような目的の掃除は、手抜きを考えるのではなく、いかに動作を大きくするか、エネルギーを多く使うかを考えます。こんなに体にいいこと、やらないと損です。

動作を大きくして動きまわります。昔ながらの雑巾がけとガラスふきは、どちらもすごい運動量になります。

手は高く
左右交互に使って、腕の運動を
ひざの屈伸
腰をかがめるのではなく、ひざを曲げ伸ばしする
ガラスふきは上から一気に下に向かってふき下ろす。何度も繰り返す

伸ばす
背筋を伸ばし、腰を上げる
速く
スピードが大切。一気に雑巾を押していく
両手で
両手をそろえて雑巾につけて、ひじを伸ばす
なるべく長い距離を往復する。お金のかからないエクササイズ

よそのお宅で掃除ポイントに気づく

自分の家の汚れは意外と目に入らないものです。
慣れ、もあるでしょうし、視野が変わらないためもあるでしょう。

玄関のたたき、上がり口側のすみに、ホコリや砂がたまっていたりする
あらっ
よそのお宅を訪問したとき、目についた汚れをお手本に、帰宅後同じ場所をチェックしてみましょう。たいがいわが家にも同じ汚れがあるはずです。
気づかないところはみな同じ。でも、そういう場所にかぎって、外の目からは目立つところだったりします。

Part 2

掃除しやすい部屋づくりから

いざ掃除をしようと思っても、
物を片づけたり、家具をどけたりすることを考えると、
やる気がなくなってしまいます。
思い立ったときにパッと掃除ができるようにしておくことが、
掃除を簡単にすませるコツのひとつです。

ワンポイントアドバイス

物はしまう。掃除用具は出しておく

とにかくしまう。出しておかない

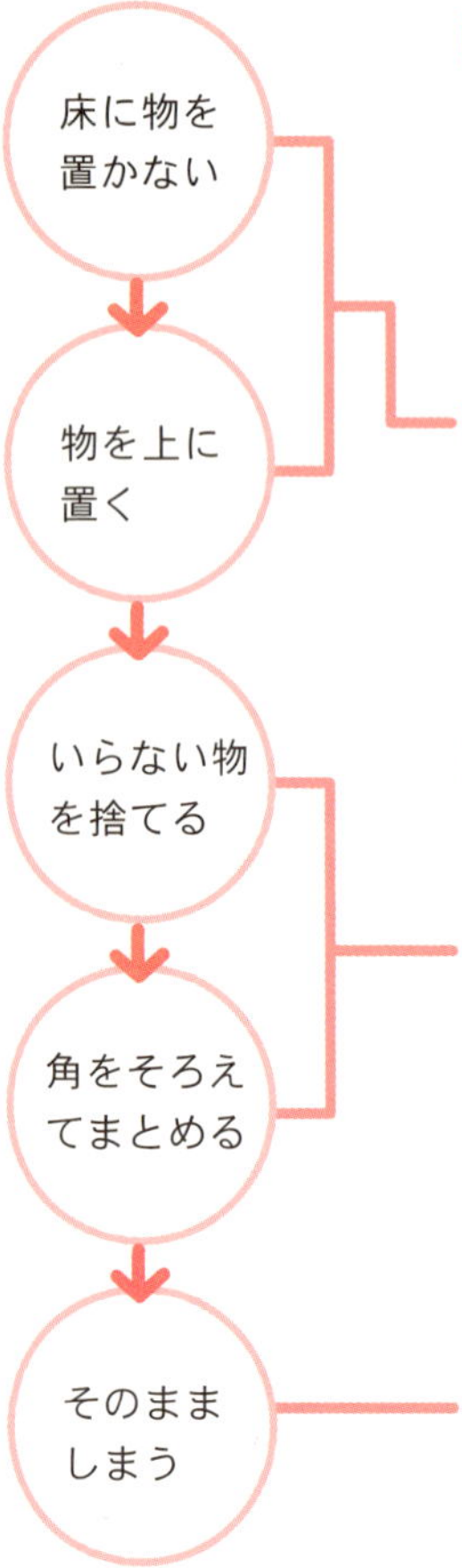
床に物を置かない
物を上に置く
いらない物を捨てる
角をそろえてまとめる
そのまましまう

片づけへのステップ

いきなり完璧を目指さずに、少しずつステップアップさせていけばいいのです。

習慣づける

なんでもテーブルや棚などの上に置く。床に置くのは気持ちが悪いと思えるように

整える

上に置いた物の中で、ゴミや不要の物があるはず。それらを拾い出して捨てる。片づかないのは物が多いため。２年使わない物はダンボールに入れて押し入れに。３年使わない物は捨てる。いる物はキチンと置く

しまう

まとめて置いてある物の内容と分量を見てしまう場所を決め、まとめて収納する

掃除をしようと思ったとき、まず床や棚、テーブルの上を片づけなくてはなりません。その段階でいやになったり、時間がなくなったりします。

物はしまう習慣をつけましょう。すべての物に納まるべきところ、定位置を決めます。「いまは出ているけれど、キチンとしまえるのよ〜」という準備があると片づけも楽です。

定位置を忘れてしまう、決められないという人がいます。「○○はどこだったかしら」と無意識にある場所を探したことがありませんか。そここそが最適の定位置。次回からそこに片づけましょう。

床に物を置かない

家具以外に床置きしている物は、意外と多い。床に置くほど物は汚れます。ことにフローリングの床では、舞ったホコリが物の足元にふきだまるからです。棚の上も同様です。

天井からカゴを吊るしてリモコンなど細かい物を入れます。
細かい物は引き出しに。
しまう場所、定位置を決めておきます。
物がなければ床を掃除しやすい。

知恵 なんでも吊るしてしまう

吊るすといっても壁に穴を開けることができないという場合、棚やたんすなど家具を利用するのもいい方法です。

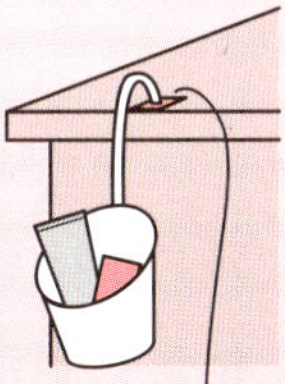

ステキなガーデニング用品の鉢入れを、小物入れに
滑り落ちないよう、フェルトの小切れを貼りつけておく

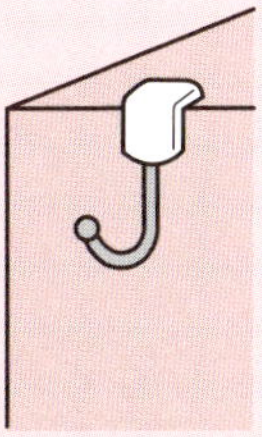

食器棚にフックをつけておく。置き場所に困った物をちょっと吊るしておける

掃除用具はシャレた物を出しておく

インテリアとしてディスプレイ

掃除用具を飾っておく感覚で。気が向いたとき、ちょっと手にとりたくなるでしょう。ついでに使ってみたら、それで掃除ＯＫです。

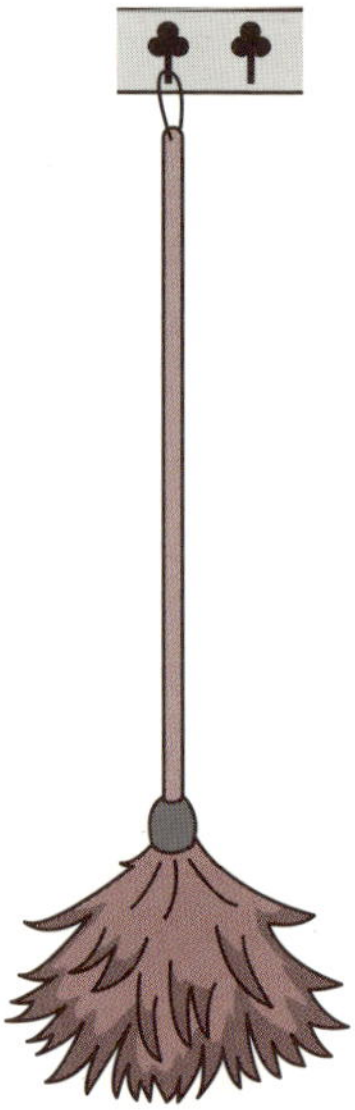

はたき

外国製のオシャレなフックに羽ばたきを。棚の上のホコリとりに

排水口に

魚形のスポンジ。シンクの前の壁に吊り下げておいて、排水口をひとこすり

洗面台に

市販のかわいいブラシを常備。洗面台をこすってみたくなる

物がなく、掃除用具がすぐに手にとれれば、ちょっと掃除してみようという気にもなるでしょう。

ただ、いかにも掃除機、はたき、たわしといった無粋な物が目につくのは、「掃除しろ～」と脅迫されているようで落ち着きません。そこで、インテリアのひとつとしても気にならないような、シャレた物、かわいいグッズを用意することをおすすめします。

最近はホームセンターにも、さまざまな掃除グッズがあります。インターネットで探してもいい。「これ、なあに？」という掃除用具らしくないグッズがきっと見つかるでしょう。

掃除機を壁かけに

さすがに掃除機は出しっぱなしにしておくわけにはいきません。そこで普通の掃除機とは別にハンディー掃除機を用意。壁にかけておけます。

すぐに
手にとれる

しまいこまないことが重要。洗面所やたんすの後ろなど、目につかないところに。

普通の掃除機はたまに使うだけで、日常はハンディー掃除機を使う

フローリングならモップでOK

これでは大変

普通の掃除機もしまう場所を考えて。押し入れの下段など、出し入れが大変な場所では、それだけでやる気を失います。

腰をかがめて重い掃除機の出し入れなど、したくない

キレイな「お雑巾」を飾っておく

キレイなところをふく

何枚か用意しておき、惜しげなく使ってどんどん洗濯します。

かわいい柄のタオルこそ、見えるところに置いておく「お雑巾」に。

籐のカゴなどにまとめて入れておき、おてふきや、お雑巾にサッと使います。

お客様がいらしたとき「それ、雑巾なの？」と驚かれるはず

掃除のなかでめんどうなもののひとつに、雑巾を洗う、ということがあります。もちろん、大掃除など本格的に掃除をするときには雑巾洗いは必要ですし、当然洗い方もしぼり方も、できれば縫い方も知っておきたいものです。

ただ、ふだんの掃除をいかに手早く簡単にするかと考えるとき、雑巾洗いはネックになります。

「雑巾」だからいけないのです。よそいきの「お雑巾」を用意すればいいのです。キレイなタオルです。

棚などはキレイなタオルでふいてしまいましょう。キレイなタオルなら、洗濯機にほうりこめばいいからです。

「お雑巾」の一生

キレイなお雑巾は
キレイなところを
ふく

かわいい柄、オシャレな柄、和風柄など、楽しんでたくさん用意する。あまり汚れていない棚などをふく

↓

下着などと
いっしょに
洗濯してしまう

どんどん使ってひんぱんに洗濯。最初は下着などといっしょに、少し汚れてきたらバスマットなどといっしょに

↓

汚れてきたら
細かくする

洗濯しても汚れがとれなくなったら、小さく切って古布として保管。10㎝四方、20㎝四方の２種類ぐらいを

↓

汚れたところは
古布でふく

お雑巾から古布に格下げする。汚れたところを掃除したら、洗わずにそのまま捨てる

↓

捨てる ＝ **汚い雑巾を洗わずにすむ**

結局、雑巾洗い、をしなくてすんだ

家具を置くときに、すき間をあける

部屋の掃除とは多くの場合、ホコリの処理です。つまり、ホコリを処理しやすい環境づくりが、掃除しやすくなることにつながるわけです。

床置きした家具の周囲にはホコリが集まります。家具は置かないのがいちばんです。せめてホコリを処理しやすいよう、置き方を工夫します。

ホコリがたまるのは、家具と壁の間。家具と家具の間。足つきの家具は床との間。こうしたすき間は、ふさごうとするのではなく、逆に、すき間をあけ、簡単に掃除ができるようにします。小さな家具なら、動かせるよう、設置する前にひと手間加えます。

動かせるようにしておく

購入したらすぐに作業します。底面に家具滑りシートを貼ると、女性でも簡単に動かせます。ただし、ワードローブのような大きい家具や本棚のような奥行きの薄い家具は危険です。チェストぐらいならだいじょうぶです。

キャスターを

小型の家具は、可能なかぎりキャスターをとりつける

シートを

キャスターがつけられないなら、家具滑りシートを貼る

ホコリを出しやすくする

掃除機をかける前に、家具と家具との間のホコリをかき出しておきます。ホコリを舞い上げないため、かるく掃くように。柄の長いはたきを使えば、立ったままできます。

家具をぴったりつけると、たまったホコリを出すことは、ほとんど不可能

すき間をあけ、ひんぱんにホコリをかき出しておけば、家具の裏側にたまるホコリの量に格段の差が

足つきの家具は上げ底する

床とのすき間が少ししかない家具は、防震ゴムという大きなゴムのかたまりを置いて上げ底します。床にはいつくばらなくても、掃除できるようになります。

足の直径より大きめのゴム。ホームセンターなどにある

飾り棚はほんの少し高くする

ホコリは低い位置ほどたまります。ホコリは室内に舞い上がります。そのとき、全部のホコリが天井まで高く舞い上がるわけではないからです。

床は物を置かなければ、ササッと掃除できますが、棚の掃除はそうはいきません。棚には、いろいろな物が置いてあるからです。

掃除のしやすさを考えれば、棚には物を置かないのがベストです。とはいえ、かわいい小物をディスプレイしたい気持ちもわかります。

掃除のしやすさとホコリの積もり方を考えてから、飾る高さを検討しましょう。

造りつけの家具は床から上げておく

家を新築したり改築する場合のことなので限定されますが、造りつけの家具は、プロに頼んで床から上げておいてもらいます。小さな棚なら自分でとりつけます。

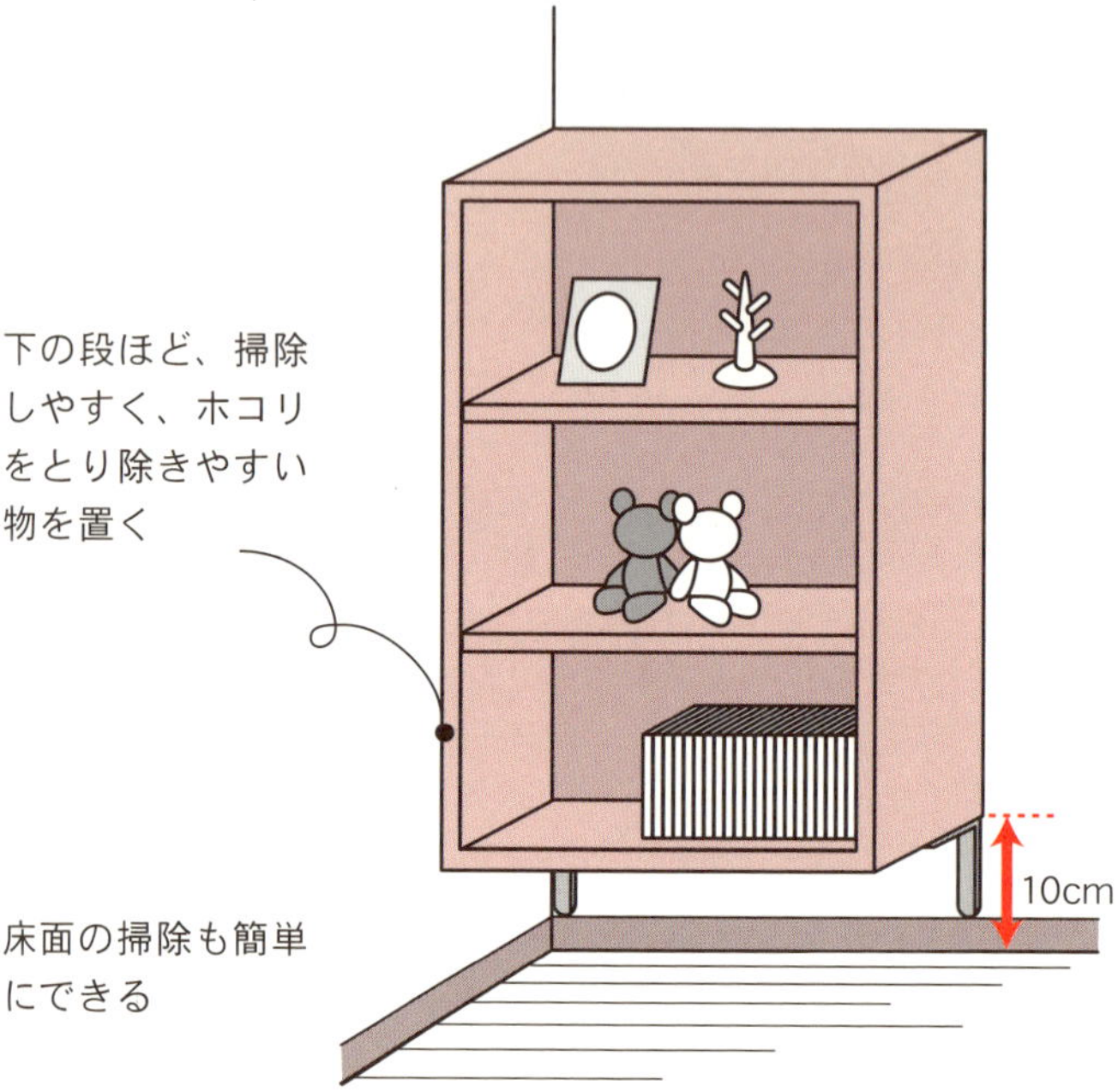

下の段ほど、掃除しやすく、ホコリをとり除きやすい物を置く
10cm
床面の掃除も簡単にできる

物を飾りたいなら

高さによって置く物を変えます。また、飾り棚の位置を少し高くするだけで、汚れの量に差が出ます。

棚の掃除ははたきでサッとはらうだけ

目の高さ以上

ホコリがたまりにくいとはいえ、はたきがかけにくく、掃除しにくい。小物を飾るには不適

肩からおなかの高さ

ホコリのたまり方と掃除のしやすさの点から、小物を飾りたいならここに

腰の高さ

ホコリはたまりやすいけれど掃除はしやすい。掃除をする自信があるならどうぞ

自分がどの程度まめに掃除するか、その自信によっても違ってくる

腰から下

ホコリがたまりやすいので、ひんぱんに掃除しなくてはならず、小物を飾るには不適

足元にはなにも置かない

カーテンとカーペットは本当に必要か

一重カーテン、雨戸も

カーテンを二重にする必要があるか、もう一度考えてみませんか。レースだけの一重でもいいし、雨戸があるなら、カーテンは不要かもしれません。

長さは床スレスレ

床につくと、そこにホコリがたまるので、床につけないスレスレの長さに

目的		代替案
目隠し	→	レースだけでＯＫ、カフェカーテンかけっぱなしでＯＫ、上層階なら不要、目隠しシートを貼る
防寒	→	雨戸でも可、春から秋は不要
遮光	→	雨戸でも可

室内にある繊維を減らせばホコリが減り、掃除しなくてはならない回数も減ります。室内にある大きな繊維のかたまりはカーペットとカーテンです。この二つが本当に必要なのかどうか、ここで考え直してみませんか。

カーペットはホコリがたまり、湿度がある日本ではダニの温床です。防寒のためなら、冬だけラグを敷き、春にははがして洗っておきます。もちろん、家庭で洗えるラグです。

カーテンは静かに開け閉めし、なるべくその回数を減らします。二重カーテンがあなたの生活に必要かどうかも、考え直してみましょう。

掃除機のない生活もできる

カーペットを敷かなければ、「クイックルワイパー」のようなペーパーモップで掃除をするだけでいいのです。あこがれの「掃除機のない生活」も夢ではありません。

床に物が置いてないと、すぐにふけます。

ホコリが気になるならウェットタイプを。思い立ったらすぐ掃除できます。

床に傷がつかないよう、家具の足にはカバーをつけておきます。

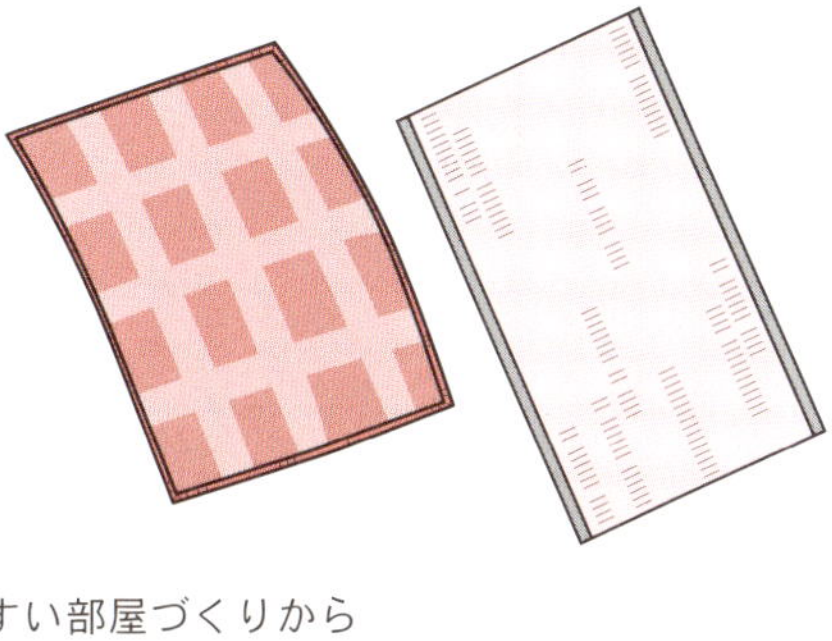

ラグは定期的にはがして洗濯。ふだんの掃除はかるめで

たたみはほうきで掃き、ちりとりにゴミを集めて捨てる

用意しておくと便利な道具

だれの家にもある掃除機やほうき、バケツ、雑巾など、
掃除の必須アイテムのほか、下のような道具があると、
掃除がぐっと楽になります。

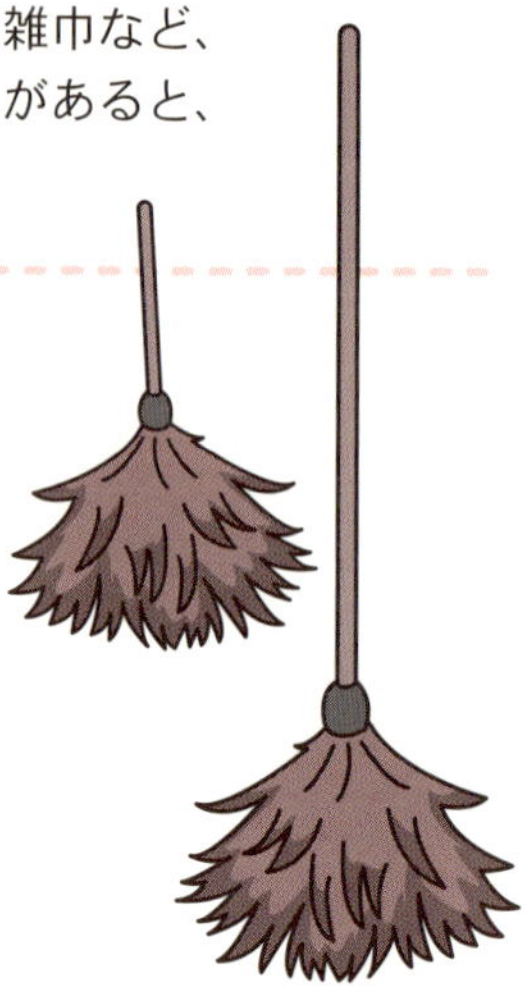

柄つきたわし

100円ショップなどで売っている靴洗い用のもの。洗面所、シンク、風呂場に常備しておけば、排水口を手軽に流し洗いできる

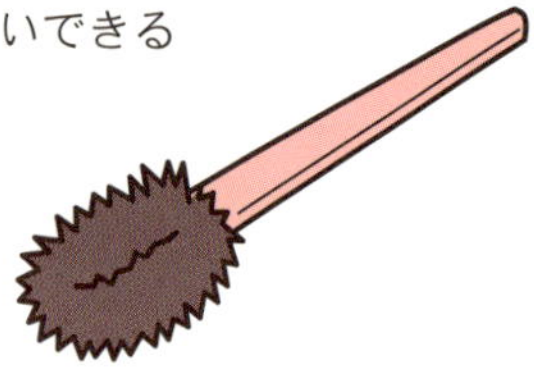

はたき2種

ナイロン製は静電気でかえってホコリをまき散らす。昔ながらの木綿製か羽根ばたきがいい。短い柄は棚用、長い柄は家具のすき間や天井用

アクリルたわし

食器や鍋類を洗うときに。洗剤不要

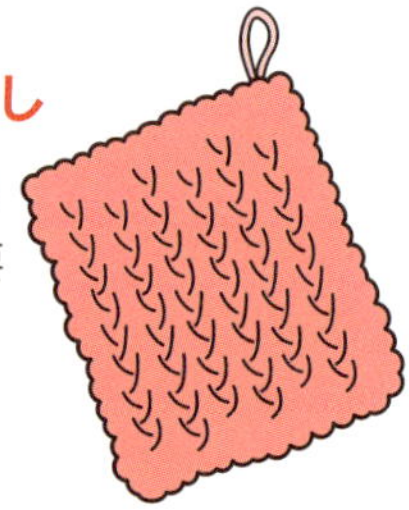

デッキブラシ

流し洗いの外壁の大掃除のほか、浴室の天井、ベランダも洗える

スプレーボトル

お酢やアルコール、薄めた漂白剤などを入れてシュッとひとふきすれば、殺菌や防臭に

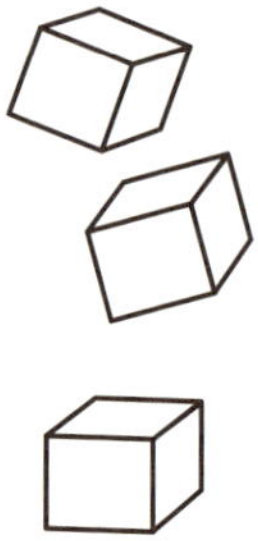

メラミンスポンジ

「激落ちくん」などのネーミングでさまざまな大きさのものが市販。食器、シンク、洗面ボウルなどあらゆるところの汚れが水だけで落ちる

つくっておくと便利な道具

不用品に少し手を加えるだけで、使い勝手のいい
掃除用具に早変わり。どれもむずかしくないので、
いくつかつくっておくことをおすすめします。

使い捨てミニはたき

飾り棚や本棚のホコリとりに。汚れたら捨てるだけ

わりばしは頭がついているものを

つくり方

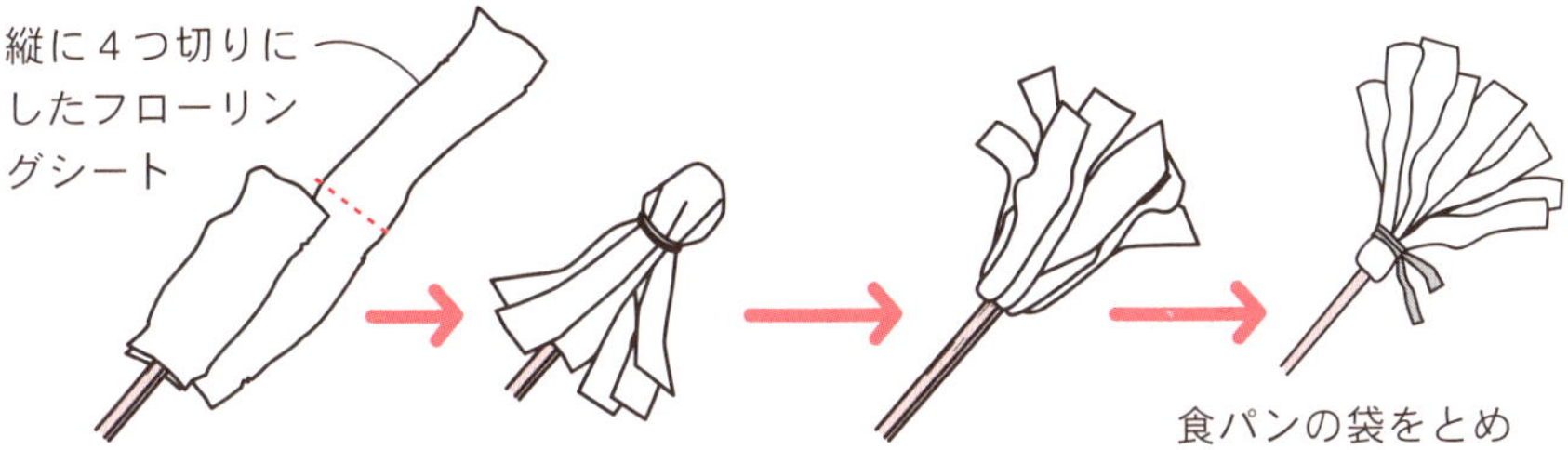

半分に折り、わりばしを包むように

４枚とも包んだら、輪ゴムでとめる

紙をひっくりかえす

食パンの袋をとめてあるような針金でもう一度とめる

掃除棒２種

最近、芸能人でこのような掃除の棒を提唱していますが、以前から使っていた人は多いのでは。大小２種類あると便利です。わりばしを使えば中サイズもできます。

1 つっぱり棒＋古マスク

使用済みマスクを、不要になった「つっぱり棒」のような端に引っかかりのある棒に巻きつけ、耳ゴムでとめる。洗濯機の防水パンや冷蔵庫の下の掃除に

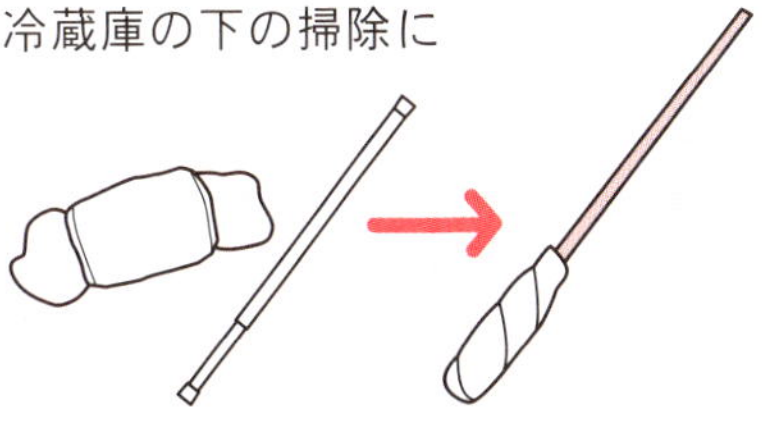

2 つまようじ＋ティッシュペーパー

ティッシュペーパーを少しだけつまようじの先に巻きつければ超ミニサイズに。コンセントなど綿棒が入らないところのホコリとりに

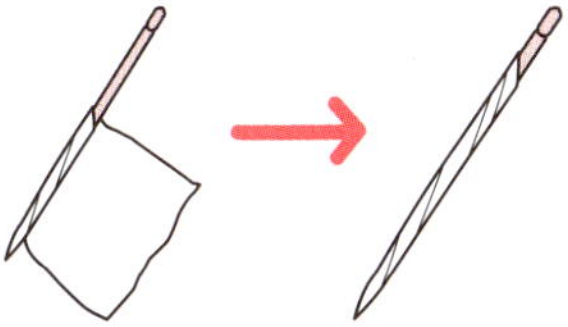

とっておくと便利な物

ちょっと待った！ ゴミとして捨てるなら、
リユースしてからで遅くありません。
新聞紙、包装紙、古ハブラシなどのほか、こんなものが役立ちます。

試供品

シャンプーは風呂場やトイレの掃除に

ストッキング

伝線したら洗ってストック。ほうきに巻いて天井のすすはらいなどいろいろ使える

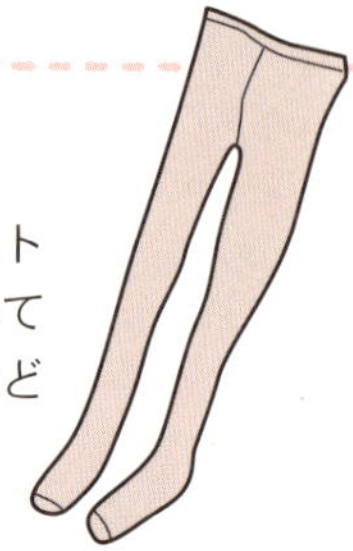

ホテルでもらうもの

シャワーキャップは自転車のサドルカバーに。はみがき粉で水洗金具をみがく

カード

古いカードはこびりついた汚れとりに。しなり具合がいいし傷つけない

プラ容器

果物などが入っていたプラ容器は用途が多様。三角コーナーなど、汚れたら洗うのが大変な容器の代替品に

ペーパーおてふき

市販のお弁当についているようなおてふきは、除菌効果もある優れ物。まな板やコンロの汚れとりに

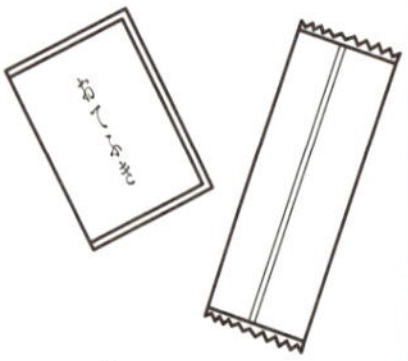

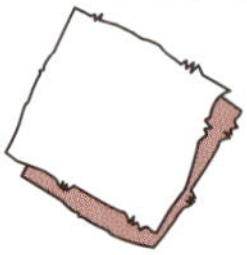

古布

着古したTシャツやタオル、シーツなどを10㎝四方、20㎝四方、ハンカチサイズなど、数種類の大きさに切ってストック

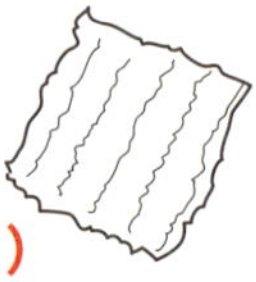

ナイロンタオル（あかすり）

なるべく目の粗いものを切ってストック。汚れをからめとったり、かきとったり。少し湿らせて使うと効果的

ポケットティッシュ

街頭でもらったティッシュはまとめて台所へ。油汚れやホコリとりにサッと使ってポイ

Part 3

キッチン掃除は「温かいうち」がコツ

シンクやコンロ、キッチン家電の汚れには、
汚れが油といっしょになってこびりついています。
調理後の高温で油がゆるんでいるうちに
ふきとってしまうのがいちばん。
早めの手当てが簡単にすませるコツです。

ワンポイントアドバイス

キッチンの汚れは油がからんでいる

ここは毎日。使ったら流す

毎日

食器は使ったら洗いますが、シンクも同じこと。使い終わったら、湯で流し洗いをしておきましょう。
食べ物のかすや油分は、湯で流せばキレイになります。汚れ方が違ってきて、洗剤で洗う回数を減らせます。

ゆるゆるぶきんで

湯をたっぷり含ませたふきんやタオルで。何度か繰り返します。

使った後はよく乾かしておく

すぐに使えるかわいいブラシ

湯で流す前にシンク内をブラシでこすっておけば、よりキレイに。

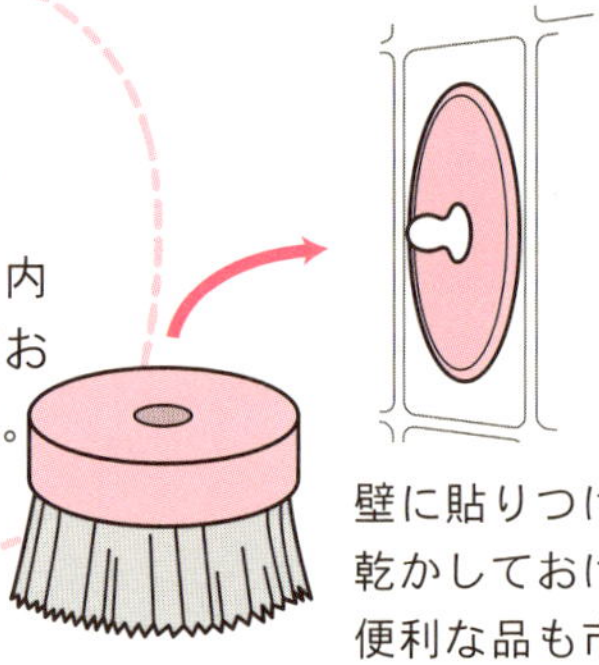

壁に貼りつけて乾かしておける便利な品も市販されている

知恵

野菜の切れ端を捨てる前に

大根やにんじん、なす、きゅうり。切れ端を捨てる前に、シンク内をくるくるまわし、ザッと水洗いします。液体クレンザーをつけてこすれば、よりピカピカです。

いったんシンク内にためておき、作業が終わったら、くるくる

洗剤を使わずに、ザザッと流す

スポンジで

湯だけ含ませ、シンク内でしぼるようにかるく押しながら流し洗いしていきます。

一日の作業の最後にシンクの内側を流しておく

洗剤不要

毎日洗剤で洗う必要はありません。湯で流しておけば汚れのたまるスピードが遅くなります。余ったお酢があればスプレーに入れてシュッとしてから洗えば、なおGOODです。

コツ

力は不要

ゴシゴシ力いっぱいこする必要はありません。毎日のことですから、汚れを落としておくだけでいいのです。目立つ汚れは、たわしでかるくこすっておけば、なおGOODです。

シンク

たまにはクレンザーでみがく

本格派

ステンレスのシンクは、ふだん湯で流し洗いするだけでは、やはりじょじょに汚れた感じになっていきます。白っぽいくもりは水アカ。ポツポツ黒いかたまりのカビが出る前に、クレンザーでみがきましょう。

古スポンジ＋クレンザーで

食器洗いなどに使い古したスポンジなら、捨てられるうえやわらかい。クレンザーをつけてこすります。

クレンザーとは

ケイ石を細かく砕いたもの。自然にやさしい。ただし、液体クレンザーには化学薬品が含まれています。

注意

塩素系漂白剤は避ける

シンクはステンレス。サビることもあるので、塩素系の漂白剤は避けるほうが無難

エコ

粗塩をクレンザー代わりに

塩は酸性なので、水アカをキレイに落とします。ステンレスがサビないよう、手早くします。また、ビールをスポンジに吸わせて洗うという人も。酵素とアルコールが汚れを分解します。

塩のつぶがクレンザー並みの研磨役に。粗塩か天塩を

ステンレスのくもりをとる

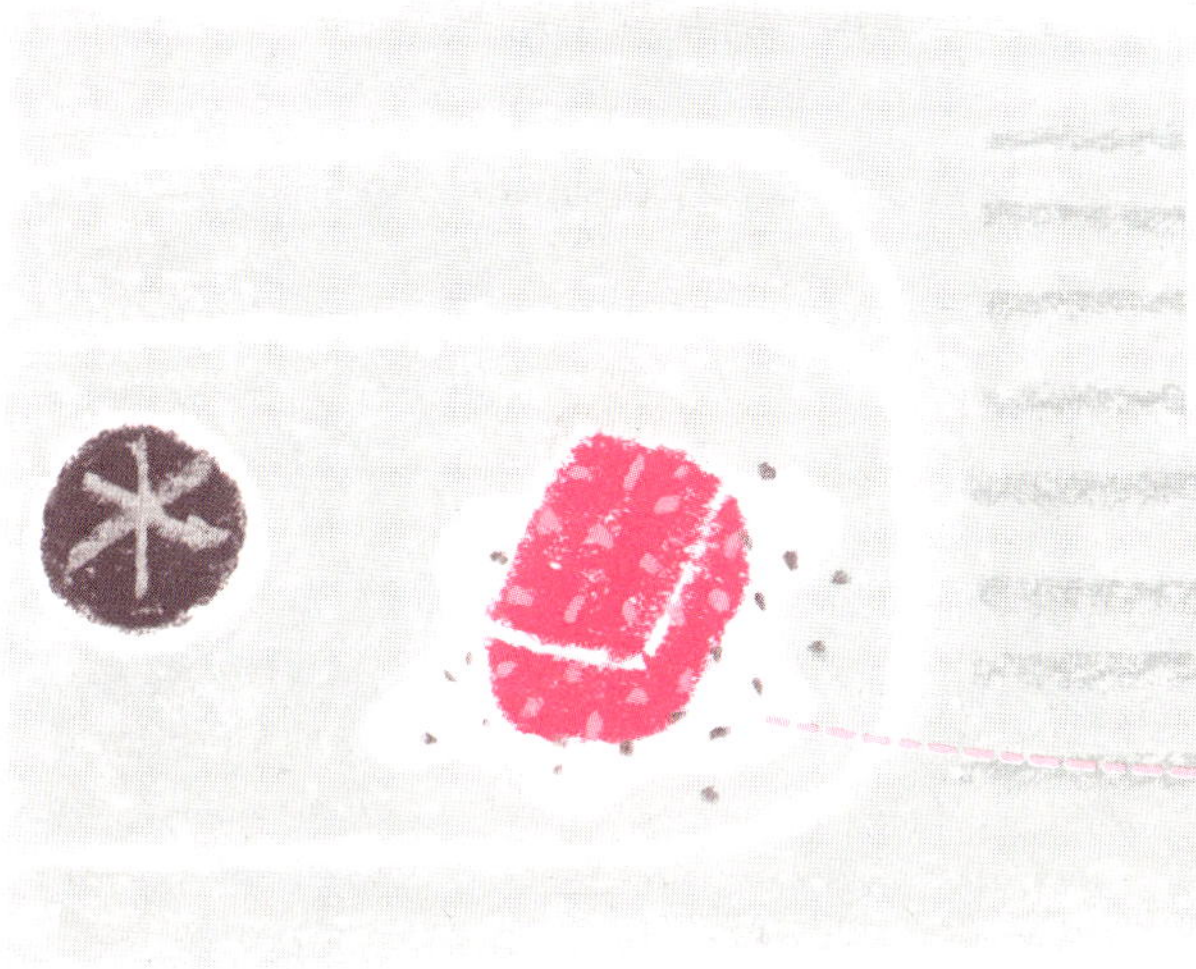

注意

スチールたわし＋クレンザー

粉末クレンザーをつけてスチールたわしでこすると、シンクに細かい傷がつく

力を入れてゴシゴシこする必要はありません。かるくてＯＫです。

水栓も光らせる

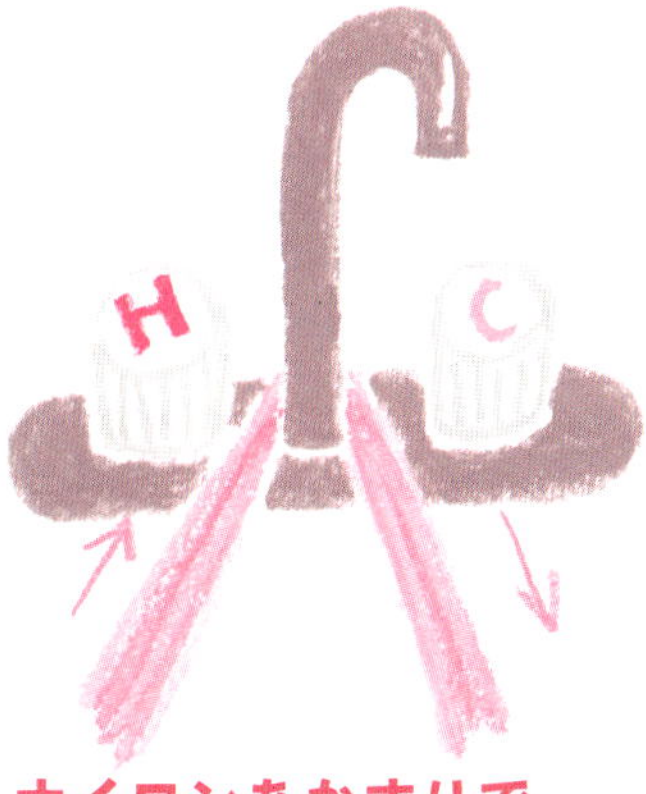

ナイロンあかすりで

よくストッキングでと言いますが、キッチンのシンクには抵抗があるという人も。ナイロンあかすりがおすすめです。

ハブラシで

はみがき粉を古ハブラシにつけてみがき、ザッと水ぶきします。新しいハブラシでもかまいません。

コツ

水けを残さないとピカピカ

水ぶきしたあと、乾いた布で水けをふきとっておくと完璧。てぬぐい仕上げでピカピカになります。

シンク

三角コーナーを洗わずにすむ方法

工夫

キッチンの片づけや掃除のなかで、嫌なことのひとつが、三角コーナー洗い。汚れてヌメヌメした感触がなんとも気持ちわるい。

なくせばいいのです。置かなければ、当然、洗わなくてすみます。

捨てる袋をセット

野菜が入っていたポリ袋など、捨てる袋を容器にセットしておきます。

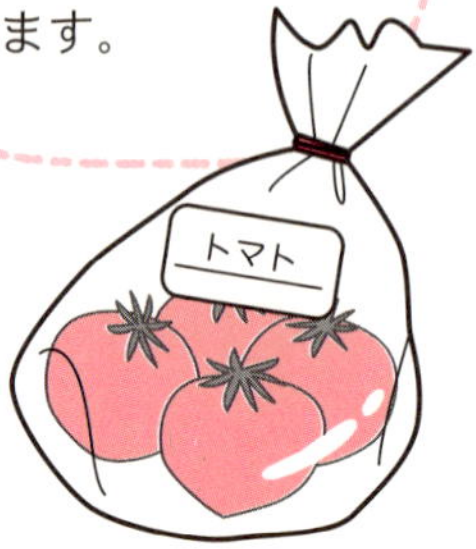
トマト

捨てるポリ容器で

果物などが入っていた不要のポリ容器。ザッと水洗いして使い、汚れがとれなくなったら容器ごと捨てます。

しめじ

知恵

紙パックのつくり方

広告紙などでつくっておき、生ゴミを入れたら、そのまま捨てられます。

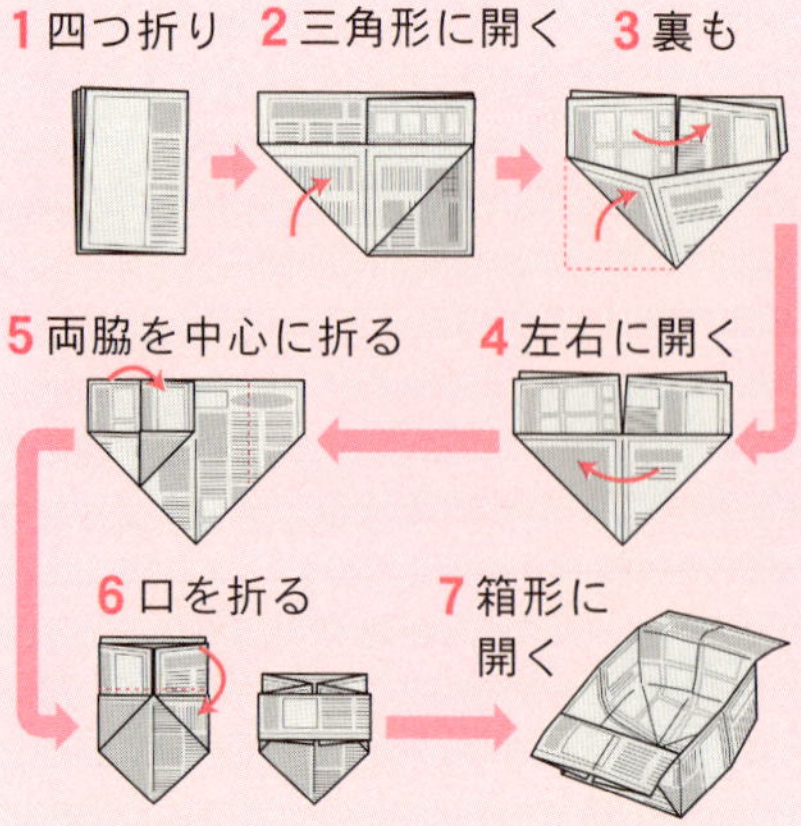
1 四つ折り
2 三角形に開く
3 裏も
4 左右に開く
5 両脇を中心に折る
6 口を折る
7 箱形に開く

三角コーナーは置かない

「タッパー」のような容器か、ポリ容器、紙パックなど三角コーナーの代わりになるものをシンクのふちに置いておきます。細かい生ゴミは排水口の網カゴがキャッチします。

コツ

水けを切って入れる

生ゴミは濡れたまま入れないで。水を含んでいるものは、シンク内のすみにいったんあけて集めておき、水が切れてから入れます。

野菜は切ってから洗う

野菜を洗ってから切ると、野菜クズに水が含まれます。切る、洗う、と順番を逆にすれば、濡れていないゴミを捨てられます。

臭いも防げる

生ゴミは水を含むと、適度な温度でどんどん腐敗していきます。水を含まないほど、臭いも減ります。

「ひとこすり」でドロドロ防止

日常

キッチンの掃除でいちばん重要なのが排水口のぬめりとり。気持ちわるいからとほうっておくと、臭いは出るし虫も出ます。ひどい状態になってからでは腰がひけてしまいます。ここはひんぱんにこすっておきましょう。

しょっちゅうこすっておく

菊割れゴムと網カゴをはずし、排水口のふちだけでもこすっておきます。網カゴもこすり流します。

柄つきたわしで

くつ洗い用のたわしが便利。手を汚さずにこすれます。

洗剤不要

ひごろは、湯を流しながらこすり落としておくだけ。

たわしは吊るしておく

たわしは濡れたままでは雑菌がわきます。吊るすなどして、乾燥させておきます。

タイル壁に貼りつけておけるタイプも

知恵

乾かすのもテ

排水トラップについた汚れ。ヌメヌメして触りたくないほどなら、ドライヤーで乾かせば、簡単に落ちるようになります。

たまには奥もこすっておく

キッチンにただよう悪臭。生ゴミもないし、見えるところには思い当たるものがないというとき、排水口からでは？　たまにはクレンザーでていねいに洗いましょう。

排水口の構造

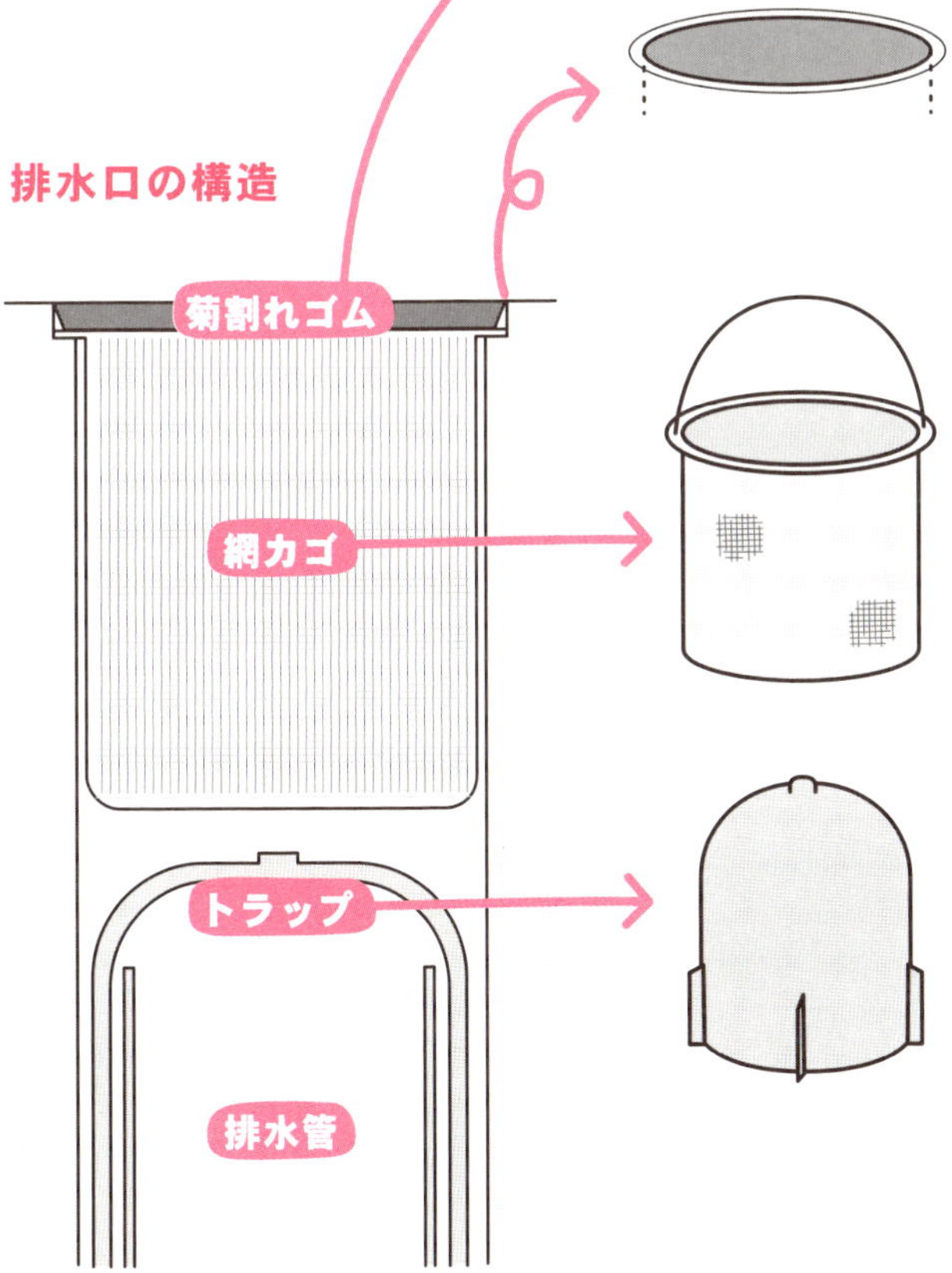

しょっちゅう

菊割れゴムは裏表とも、ひんぱんにたわしでこすり洗い

しょっちゅう

ふちはたわしでひんぱんにこすり洗い

毎日

網カゴにはネットをかけて使う。ネットは毎日とりかえ、カゴもたわしでこすり洗い

たまには

トラップの上部にはつまみがあるので、抜いて洗う。ここに汚れがついていると悪臭の原因に。トラップをはずした管も奥まで洗う

排水口

湯の捨て方を意識する

排水管を奥まで洗うのはなかなか大変。その回数を減らすために、ひごろちょっとした工夫をしましょう。

ゆで汁を利用する

めん類や野菜のゆで汁を捨てるときには、排水管の汚れとりを意識します。ただし、煮立った湯は排水管を傷めるので、少し冷ましてから。

まわしかける

排水口のふちをぐるりと回転させながら流していくと、湯が冷めるのでいい

生ゴミが入っていないときに

網カゴに生ゴミが入ったままでは、臭いを発生させます。生ゴミは捨ててから。

はずせばもっとスッキリ

たまには、菊割れゴムと網カゴをはずし、少し冷ましたゆで汁を、ザッと流し入れます。

日常

排水管

湯を捨てる前にひと手間プラス

本格派

単にゆで汁を捨てるだけでなく、ひと手間加えると、排水管をスッキリさせることができます。

排水口からキレイにする

重曹ふり入れ

菊割れゴムをはずし、網カゴに生ゴミが入っていないことを確認。重曹を適量ふり入れる

重曹とお酢で、キレイに掃除できる

お酢を注ぐ

重曹の上からお酢を少しずつかけていく

ふたをして30分おく

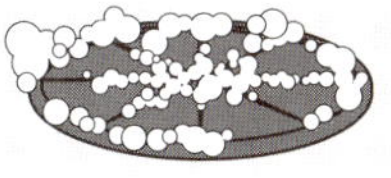

泡がブクブク出てきたら、菊割れゴムでふたをする

湯をどんどん流す。汚れとり、消臭、除菌ができる

シンク下

臭いもとれるエタノールぶき

本格派

シンクの下は汚れがたまらないからと、ほとんど掃除をしない人がいます。けれども湿度の高い場所なので、カビや悪臭が。ほうっておくと、ゴキブリなどの虫が寄ってきます。

防虫シートを敷いておく

アルミシートなど市販の防虫シートを敷いておきます。

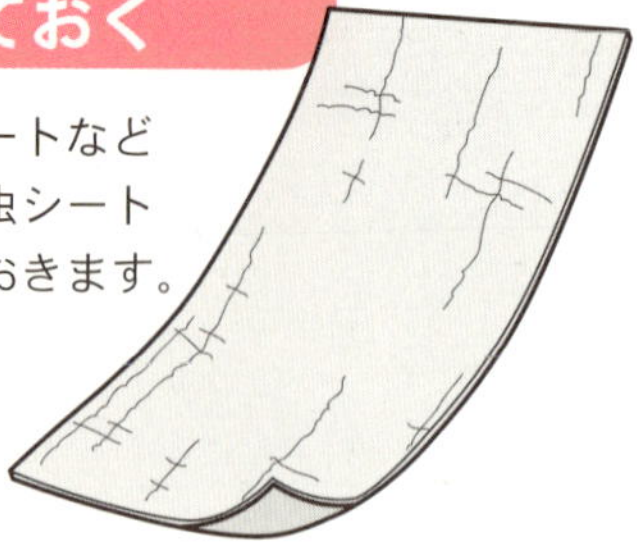

容器の底はキレイに

調味料や油などを収納するとき、液ダレがないか注意を。底をひとふきすれば安心です。

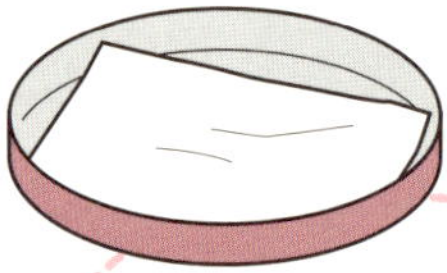

空き缶のふたを利用

調味料や油などは、不要になった空き缶のふたに紙を敷いて収納。汚れたら心おきなく捨てられます。

防カビには通風を

いっぱいに押し込まず、網棚で段をつけるなど、風が通るようにします。

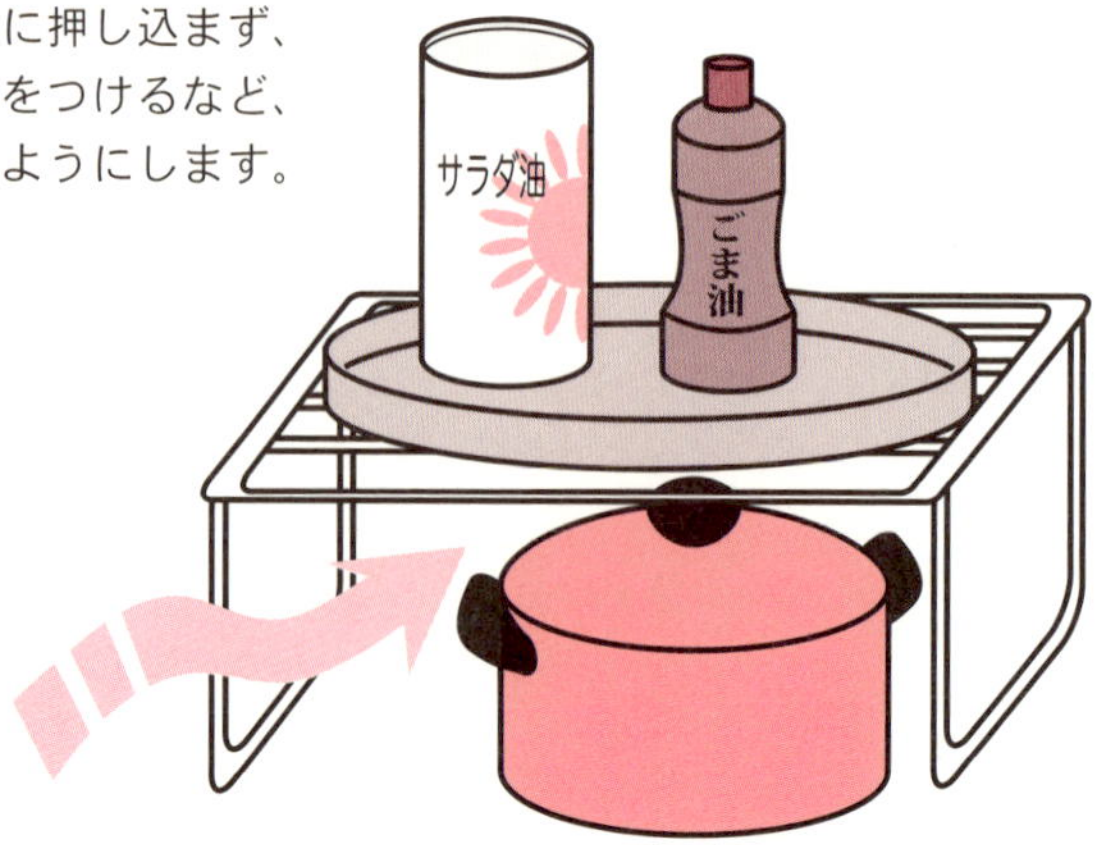

天気のよい初夏に

覚悟を決め、中の物を全部出し、整理しながら掃除します。防カビのためには、梅雨前にするといいでしょう。ここは消毒用エタノールがいちばんです。

ときどき換気

湿度の低い日には、シンク下の扉を開けておきます。

湯ぶき＋スプレー

湯でしぼった布でふき、消毒用エタノールをスプレーして。

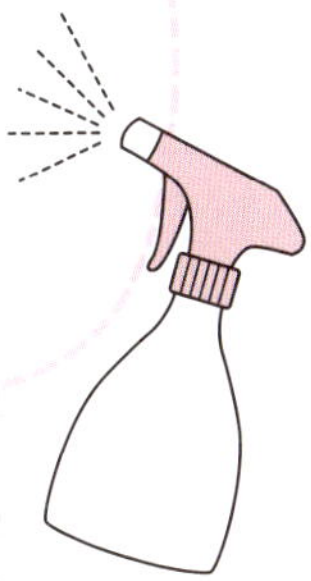

エタノールは気化する。仕上げぶきは不要

悪臭が気になるなら、消毒用エタノールを古布にしみこませ、手早くふく

Q カビがはえてしまったら？

A 漂白剤を古布にしみこませてふきます。布は何度かとりかえながら。そのあと水ぶきとからぶきをします。

コンロ

すぐにふけば洗剤いらず

日常

ほうっておくとひどいことになるのが、コンロの油汚れ。ここはなるべく早くふいておきたいところです。

とくに揚げ物をしたときがチャンス。揚げ物の熱で油汚れがゆるんでいるので、簡単にキレイになります。

台ぶきでふく

少しの汚れなら台ぶきでついでにふいてしまいます。ゆすいでおけばＯＫ。

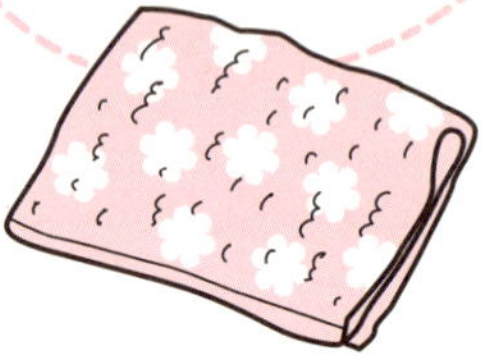

湯でゆすぎ、乾かして

とびちった油は

コンロまわりにとんだ油は、乾いた古布や街頭でもらったポケットティッシュでひとふき。

知恵

飲み残しのビールでふく

こびりついた汚れは、ビールで。古布にしみこませてふきとります。アルコールと酵素が汚れを分解します。

グリルの臭いは茶殻でとる

グリルには水を入れてから魚を焼くと、洗うのが簡単です。臭いが気になるときは、魚を焼いたらすぐに茶殻をパラパラと入れ、そのあとでたわし洗いをします。

調理したらふく

コツ
熱いうちに

できれば、まだ熱いうちにひとふきを。油が液体状のほうが簡単です。

1日1回といわず、調理するたびに、こまめにふいておきましょう。汚れは濡らしたスポンジか古布でこすり、乾いた布でふきます。

洗剤不要

単にふくだけ、日常的には洗剤不要です。逆に、油分をすっかりとってしまわないほうが、次にふきとるときも、汚れがスッととれます。

注意
ごとくにふれないように

熱いのでやけどに注意。とくにごとくは熱々。でも、ごとくもなるべく熱いうちに、たわしでこすり洗いするといいのですが。

油で汚れる物は置かない

コンロのまわりに置いてある物は、とびはねた油に汚れがからんで、少しふいたぐらいでは落ちません。洗剤を使って洗わなくてはならず、手間もかかり環境にもやさしくなく、大変です。いちばんいいのは、置かないことです。

棚をつくる

細かい物はコンロから離して。目の高さに棚をつくって置き、ときどき湯ぶきを。

おてふきをとっておく

コンビニなどでもらうおてふきはアルコール分が含まれ、汚れ落としに便利。

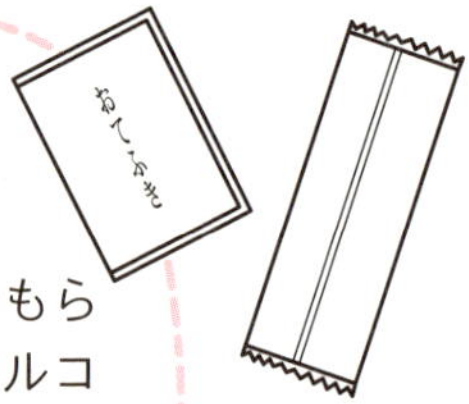

コンロまわりをふくのに最適

工夫

知恵

自家製ウェットティッシュのつくり方

もらったおてふきなどないという人へ。あき容器にガーゼを少し敷き、水とエタノールを同量入れます。そこにペーパータオルなどを入れて、液をしみこませておきます。

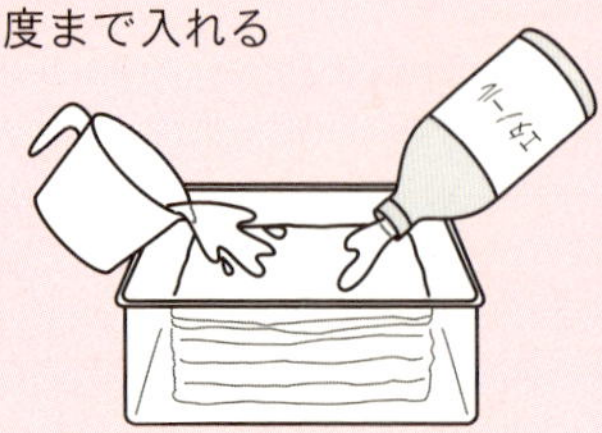

水とエタノールは、ガーゼがひたひたになる程度まで入れる

ここに物を置かない
調理しやすいからと、調味料類をここに置くと、油まみれに。
吊るす
どうしても出しておきたい物は、フックをつけて、吊るしておきます。
ここに物を置かない
コンロに近いと、とびはねた油で汚れます。なにも置かなければ、ふき掃除も簡単です。
しまう
調味料などの細かい物は、コンロ近くの引き出しに入れます。

カバーのはがしやすさを第一に

工夫

キッチンの掃除でもっとも手ごわいのが換気扇でしょう。フードの内部になるべく油が入らないように換気扇カバーをしておきます。

ひごろはカバーがうっすら茶色になったらとりかえるだけです。

はがしやすいようにつける

マジックテープで

換気扇カバーは不織布なので、マジックテープに簡単につく

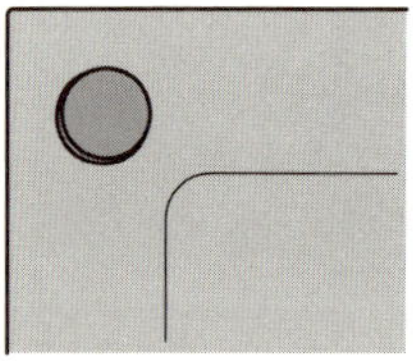

マグネットで

フードも汚さず、カバーがつけられる。とめる箇所は多めに

はずすときは油で汚れているので、指でつまむだけですぐとれるようにしておきたい

カバーをとりかえるとき、フィルターをはずして湯で洗う。ハブラシか、たわしでこすりながら（ひどい汚れはＰ68参照）

全体を包む

全体をすっぽりおおうように大判のカバーをします。そのとき、はずすことを考えておきましょう。

注意

防火も考えて

油汚れのままつけておくと、引火する危険が。なんといっても、その汚れは油なのですから。

換気扇

真夏の日射しを利用する

本格派

手がベトベトになるからイヤと言っていても、換気扇が汚れてきたら、覚悟を決めて洗うしかありません。

　手が汚れない方法があります。秋の大掃除は換気扇から。まだ暑いうちにすませてしまいましょう。

ゴミ袋の外から洗う

大きくて厚いゴミ袋に水を入れ、洗濯用粉石けんを入れ、よく混ぜて泡立てる

汚れがひどいときは
換気扇用洗剤を

換気扇がプロペラファンでもシロッコファンでも同じ。器具類をはずして洗剤液につける

袋の口をしっかりしばり、そのまま真夏の炎天下に夕方まで放置

夕方、気温が下がってくる前に、袋の口を少し開けて、古スポンジや古たわしなどを入れる

袋から空気を抜いて口をしばり直し、先に入れたスポンジを外からつかんでこする

袋の底のほうに１ヵ所穴を開けて、汚れた液体を流し捨てる

器具類をとり出してシンクへ。細かい汚れはハブラシに粉石けんをつけてこすりながら、湯で洗う

知恵

消費期限切れの小麦粉で

プロペラファンに小麦粉をふりかけて乾いた布でこすると、汚れがポロポロ落ちます。小麦粉には汚れを吸着させる力があるのです。そのあと、シンクで湯洗いします。

家電

かるい油汚れは油で落とす

日常

コンロまわり、換気扇、キッチンのタイル壁、キッチン家電などの汚れは、油膜でガードされ、落ちにくくなっています。

油膜は油でとかすのがいちばん。洗剤を使わないので、手も荒れません。

油ならなんでも

サラダ油、オリーブ油、ベビーオイル、残り油など、なんでもＯＫ

油 ＋ ホコリ

キッチンの汚れのもとは、主にこの２つ

少量の油でこするだけ

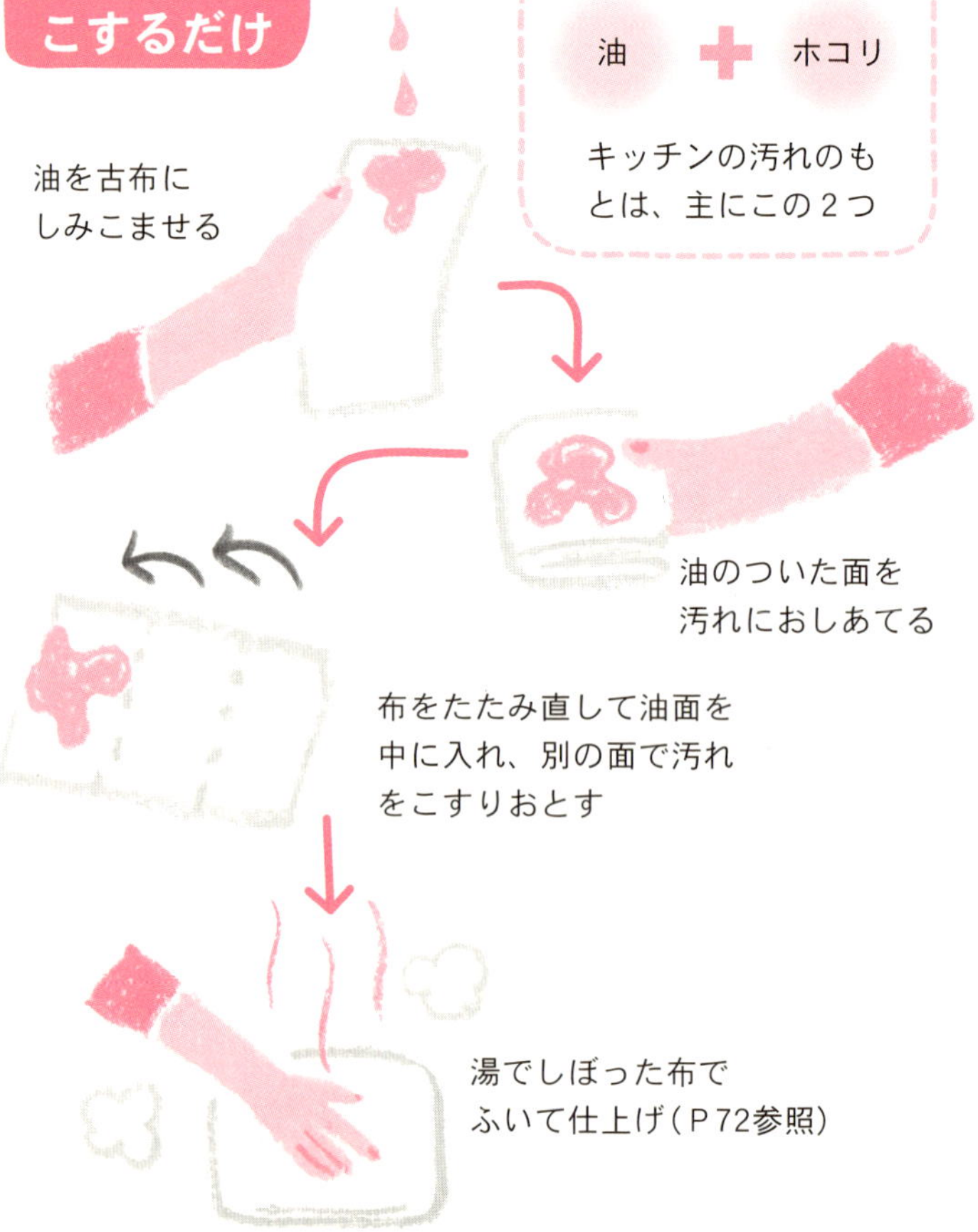

油を古布にしみこませる

油のついた面を汚れにおしあてる

布をたたみ直して油面を中に入れ、別の面で汚れをこすりおとす

湯でしぼった布でふいて仕上げ（P72参照）

油ぶきに適しているのは

キッチンにある炊飯器、ポット、コーヒーメーカーなどは、ベトベトした汚れがついているものです。いずれも、仕上げに湯でふきます。

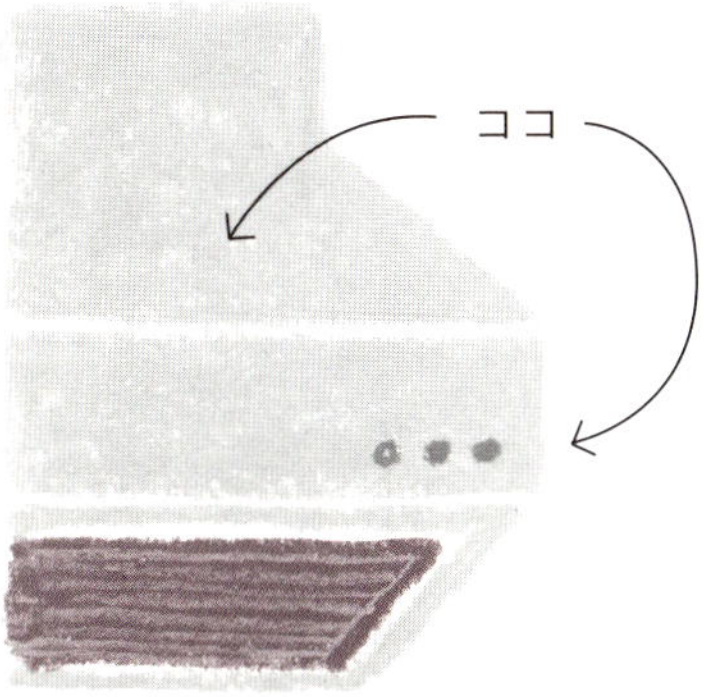

換気扇のフードまわり。汚れがひどいときは油パックも(P73参照)

炊飯器のふたも汚れてきたら油ぶきするといい

ゴミ箱のふたもホコリと油が合体した汚れが

ポットの表面には、目に見えなくてもベトベト汚れがついている

コツ

よ〜くこする

ゴシゴシと力を入れてよくこする。少しずつキレイになっていきます。

しつこい油汚れもこすり方しだい

本格派

油でふいても落ちない汚れには、いよいよ強力洗剤を使うしかない。いえ、待ってください。まだ方法があります。

こすり方を変え、パックをしてみましょう。それでもとれないこびりつきは、カードでこそげます（P76参照）。

とりはずせない照明器具。お風呂用のナイロンタオルでいきなりこすれば、汚れがポロポロ落ちる

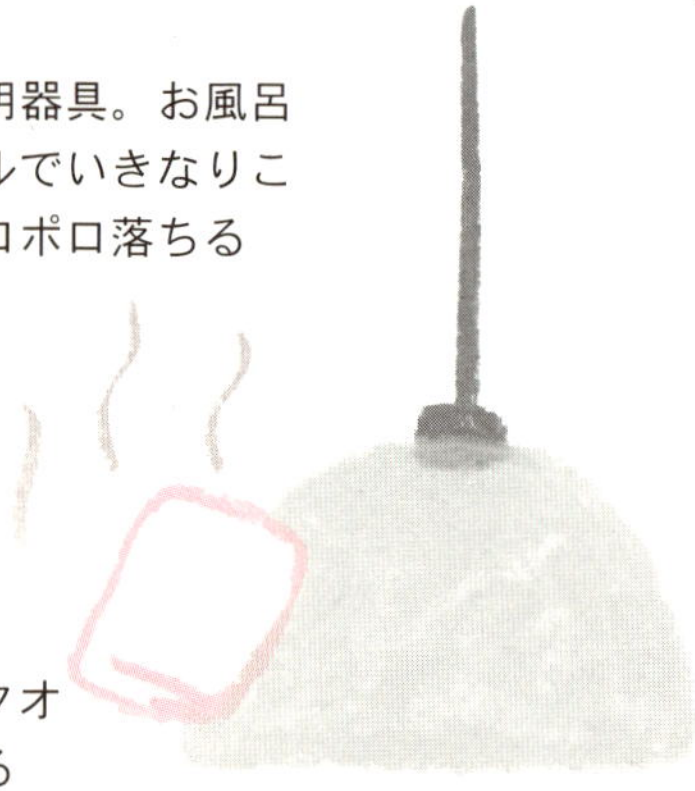

湯でしぼった熱いタオルでふいて仕上げる

知恵

湯ぶきタオルのつくり方

熱湯につけてタオルをしぼってもいいけれど、危険。水でしぼったタオルをポリ袋に入れてチンすれば、ホカホカになります。

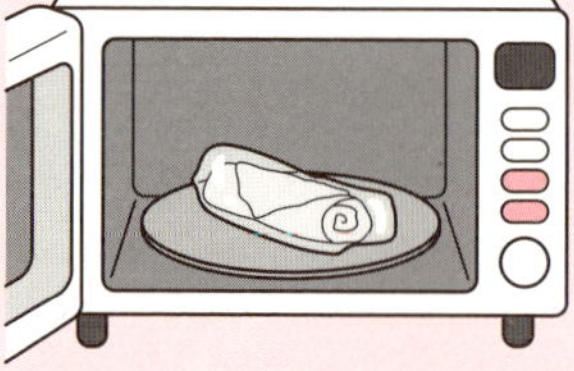

電子レンジ可のポリ袋を使用

油パックでゆるませてから

なかなか落ちない汚れは、油パックをして汚れの油分をゆるませてから、こすりとります。

油をしみこませたペーパータオルを貼りつけて、数時間放置

ひどい汚れはドライヤーで熱くするとゆるみやすくなる

洗剤不要

手にポリ袋をかぶせ、ペーパーで汚れをこすりながらはがしていく

そのままポリ袋をひっくり返せば、手を汚さず油のペーパーを捨てられる

さらに乾いた古布でこすりとり、仕上げに湯ぶきをする

蒸気で湿っているうちにふく

日常

電子レンジの内部は、洗剤でふくと、次の食べ物に洗剤の臭いや成分がつきそう。湯でふくほうが安心です。

とり出すときにふく

汚れがこびりついてしまうとなかなかとれません。料理をとり出すときにふくほうが、結局は簡単です。

台ふきでOK

中の物をとり出したら、蒸気が上がっているうちに、台ふきで中をぐるりとふきます。

洗剤不要

知恵

消臭には水を一杯

食べ物の臭いがこもっているのが気になったら、湯のみ茶碗一杯の水を入れておきます。水に臭いが吸着します。

かるい消臭に

電子レンジ

ゆるゆる雑巾をチンして

本格派

電子レンジの中に汚れがこびりついてしまったら、蒸気をたっぷり立てて、汚れを浮き上がらせます。

チンした雑巾でふく

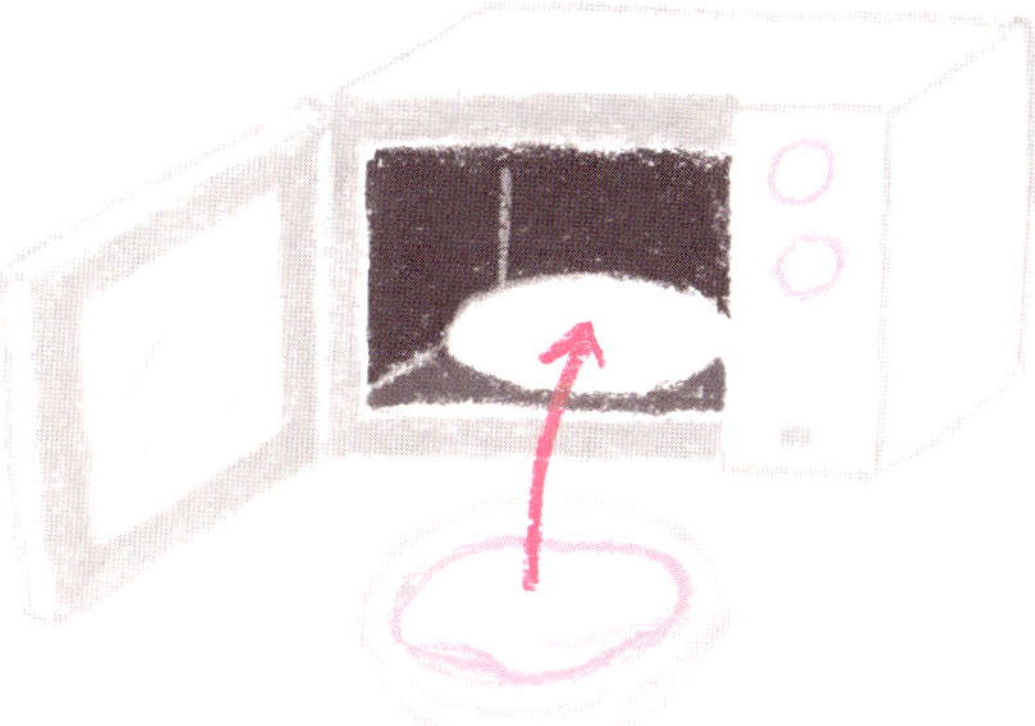

ゆるく水でしぼった雑巾を皿などに入れて、2～3分チンする

洗剤不要

蒸気が上がったら雑巾をとり出し、左右や天井をふく。ターンテーブルはとり出して湯で洗う

知恵

コーヒーかすで消臭

水一杯では消臭できない場合、コーヒーかすを皿などに広げてチン。そのあと湯でふけばスッキリします。

茶殻でもいい

カードとハブラシでこする

加熱調理の家電類の、悩ましいこげつき汚れには、古いキャッシュカードのようなカードが活躍。かたさが適しているのか、しなり具合がちょうどよく、家電を傷つけずに汚れをこそげとることができます。

カードでこそげとる

傷つけずに汚れだけをとるには、古カードがおすすめです。オーブントースター以外のこげつき汚れにも。

細かい汚れは角の丸くなっているところでこそげる

ヒーター部分は湯ぶき

熱い湯でしぼったタオルで、傷つけないようにふき、そのあと乾いた布でふいて水けをとる

本格派

汚れをこそげとる

オーブントースターの外側は油でふいたあと、湯でふいて仕上げます。内側は網をはずし、左右、天井、ヒーター部分も湯でふきます。

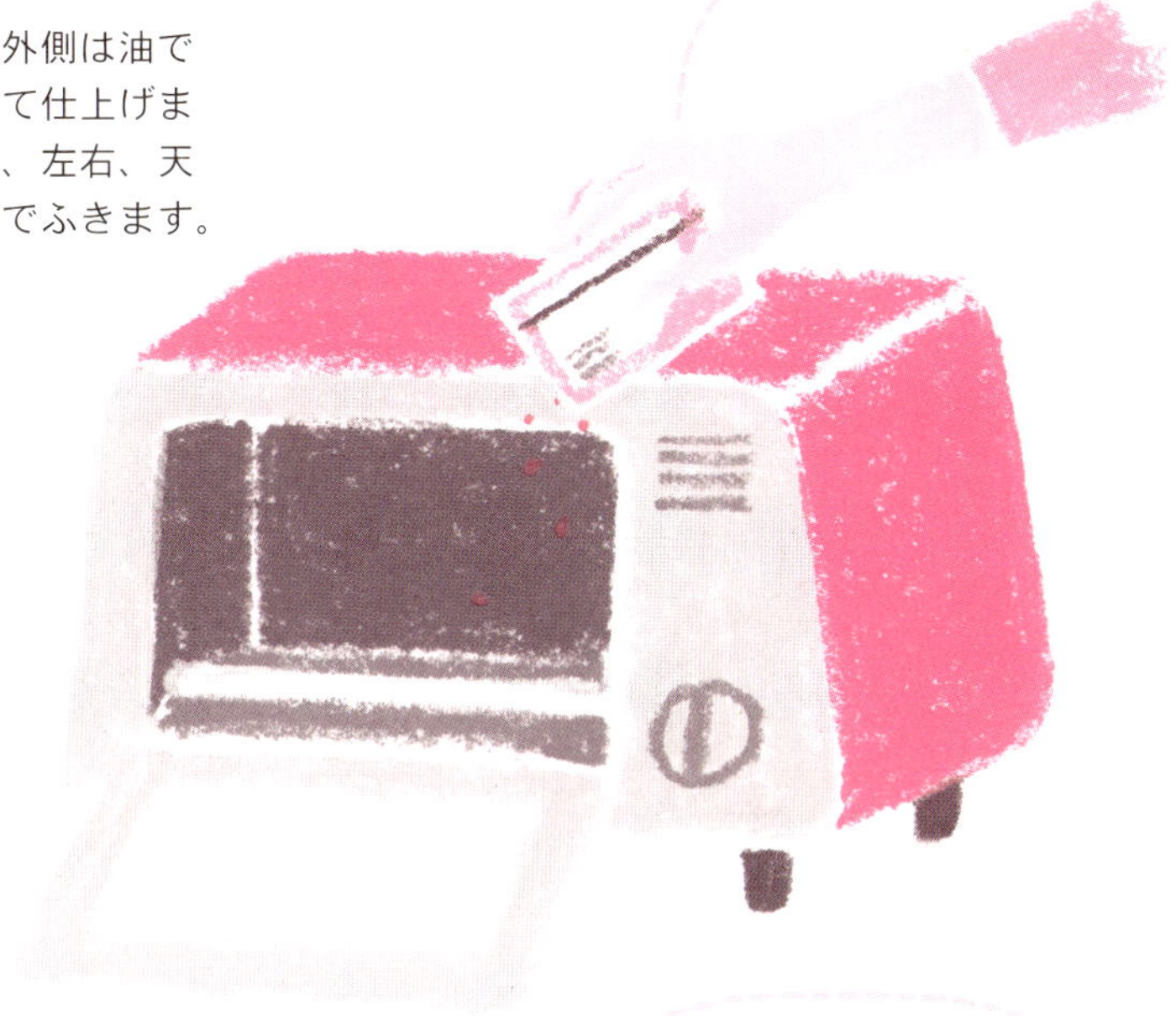

こげつき汚れは、湯でふいてもなかなかとれない。まず古カードでゴシゴシ

洗剤不要

外側は油ぶき

外側の汚れには、油がからんでいるので、油ぶきが適しています。

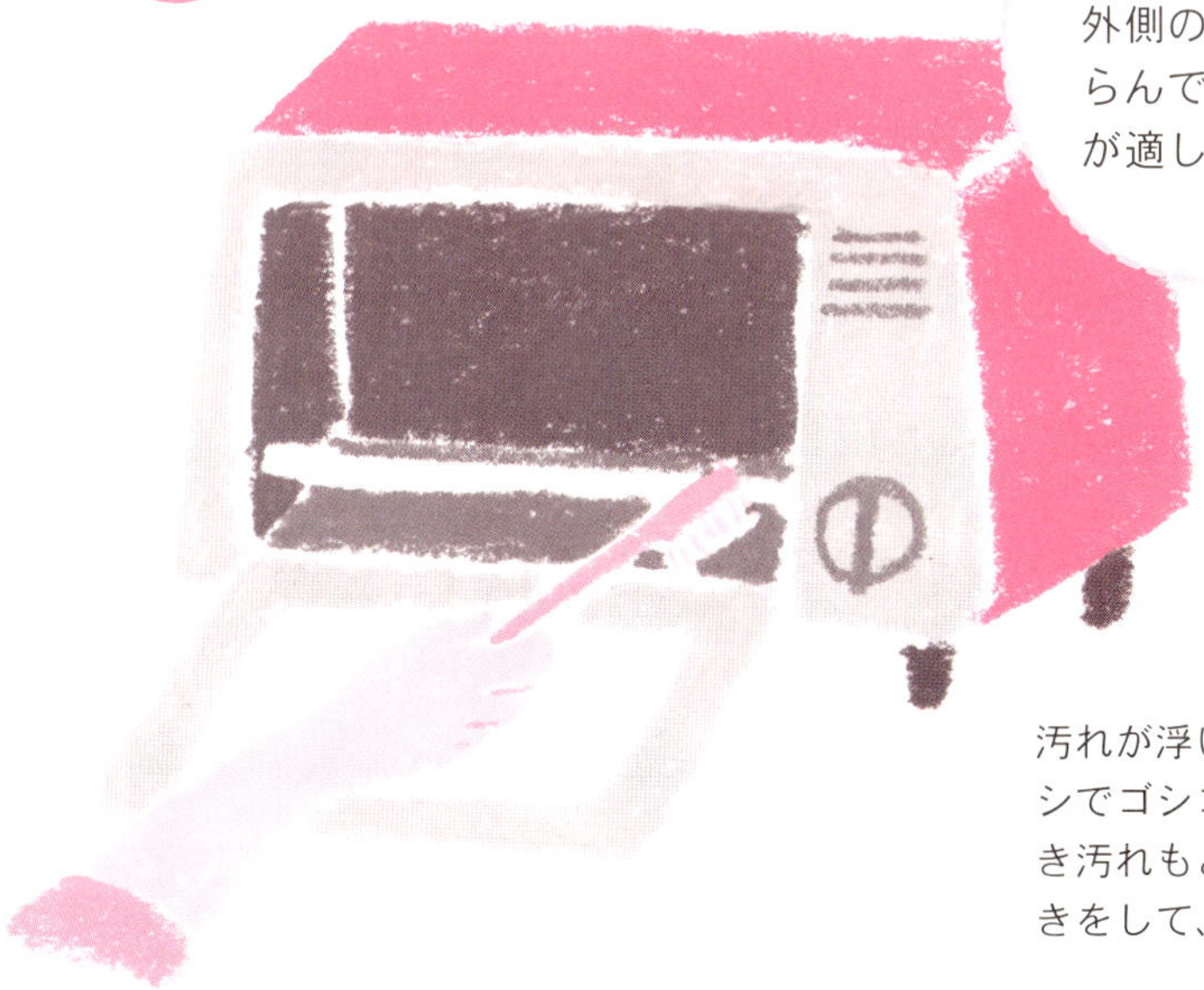

汚れが浮いてきたら、ハブラシでゴシゴシ。細かいこげつき汚れもとる。そのあと湯ぶきをして、乾いた布でふく

冷蔵庫

空にしてふき、お酢スプレー

本格派

冷蔵庫に、消費期限切れの食べ物を入れっぱなしにしていませんか。ときには整理も兼ねて、中の物を全部出し、キレイにしましょう。

庫内の汚れには油がからんでいないので、湯でふけばOKです。

湯ぶき＋スプレー

湯ぶき、からぶきのあと、消毒用エタノールでふくか、スプレーしておきます。

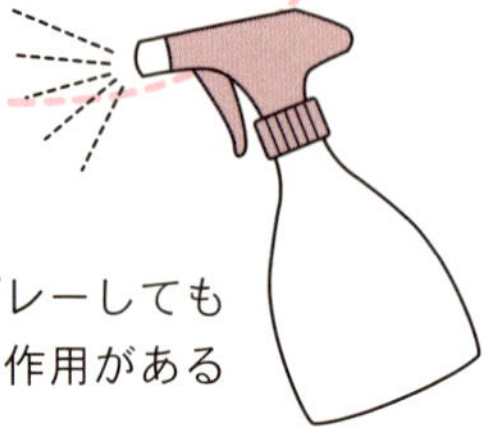

お酢をスプレーしてもいい。殺菌作用がある

風呂場で大胆に洗う

棚やポケットなどをすべてはずし、風呂場へ。シャワーで湯をかけながら、スポンジかたわしでこすり洗いします。

洗剤不要

がんこな汚れは、しばらく湯につけて汚れを浮かせてから洗います。

暖房を入れる前に

冷蔵庫の掃除は秋がおすすめ。出した物が傷みにくいような気温の日にやってしまいましょう。

洗剤不要

湯でしぼったタオルでふき、そのあと乾いたタオルでふきます。

注意

電源は必ず切って

開けっぱなしで掃除をしていると、電気をどんどんくってしまいます。安全面からも電源はＯＦＦに。

中の物は全部出す。掃除中は発泡スチロールの箱に保冷剤を入れ、その中に保管しておくと安心

食器もついでに洗ってしまう

食器棚はひんぱんに開け閉めするのでホコリが入りやすく、意外に汚れています。出し入れしにくい奥のほうは、食器も汚れています。整理も兼ねて食器を全部出し、棚をふきましょう。新しい食器を買ったときがチャンスです。

湯ぶき＋からぶき

棚はたいてい木製なので、湯でふいたあとからぶきして乾燥させておきます。

食器洗いについてはＰ82参照

シートを敷く

食器棚用のシートを敷き、食器を収納します。かわいい包装紙でもかまいません。布は湿るので避けたほうが無難です。

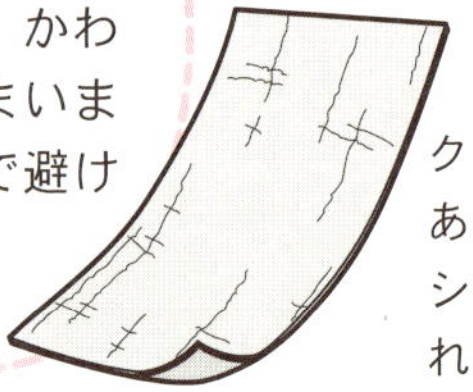

クッション製のある食器棚用のシートが市販されている

知恵

あまり使わない食器は紙をはさんでおく

あまり使っていない食器を、ひさしぶりにとり出したら、全体にごく細かいひびが入っていたということはありませんか。重ねすぎです。紙を一枚はさんでおくだけで違います。

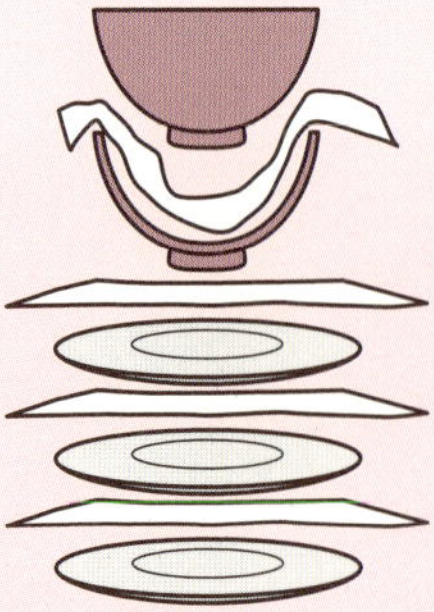

厚めの紙を１枚ごとにはさむ

本格派

上の段からふいていく

掃除するときにホコリが落ちるので、上の段からふいていくようにします。

洗剤不要

食器棚の中の汚れには油がからんでいないので、湯ぶきだけでＯＫです。

扉の“さん”も

さんにはホコリが積もっています。ここは目についたらふいておきましょう。

引き出しの中も

はしやスプーン、フォークもとり出し、中をキレイに湯ぶきします。

食器棚のガラスは窓ガラスと同じ要領でみがきます（Ｐ144参照）

油汚れもとれる「魔法の布」で

日常

食器の汚れは、古布やペーパーでふきとってからシンクへ。熱めの湯で流しながらこすり洗いをします。

そのとき使うのは魔法の布。洗剤を使わなくても、ガラス類もプラスティック容器もピカピカになります。

魔法の布の正体は

昔ながらの木綿100％の布。日本てぬぐいがおすすめです。好みの柄の日本てぬぐいをコレクションしても。

綿100％

日本てぬぐいを半分に切って使います。自然素材は優秀です。

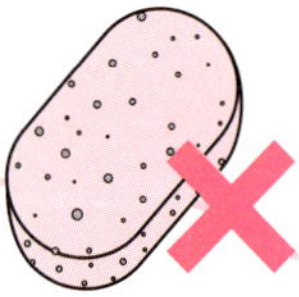

スポンジより布を

スポンジは油分が次の食器に移ったりします。木綿の布なら、油分は繊維表面に残りません。

知恵

油の食器を湯だけで洗うために

ひどい汚れはふきとるのも大変です。あらかじめ汚れを少なくする工夫をしたり、捨てるもので汚れをふきとってから洗います。

ティーバッグでふきとる

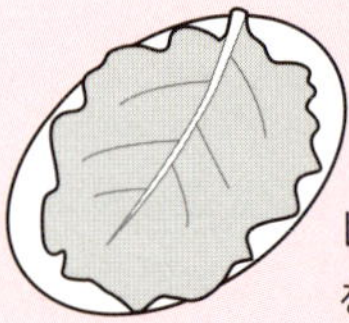
レタスの葉を敷いて料理を盛る

湯で洗う

湯を流しながら日本てぬぐいでこすり洗いします。細かい繊維が汚れをかきとってくれます。汚れたてぬぐいはかるくゆすいで洗濯機へ。

食器を包みこむように洗う

1 コツ

油の食器は重ねない

油汚れをふきとったあと、単独で置いておきます。

洗剤不要

湯で洗うなら洗剤はいりません。

2 コツ

洗いおけにつけない

洗いおけにつけると、汚れや油が広がってしまいます。

茶渋はメラミンスポンジで

日本てぬぐいでは茶渋は残っていきます。メラミンスポンジでこすればだいじょうぶ。やはり洗剤不要です。

ご飯茶碗は湯を入れてふやかしてから洗う

水を含ませてこする

洗剤で洗う必要まったくなし

日常

鍋は毎回洗剤をつけてすっきり洗い上げておかなくてはならない、ということはありません。たとえばフライパンなどは洗ったあとうすく油を塗っておくというくらい。油分をすべてとってしまわなくてもいいのです。

湯だけでOK

テフロンのフライパンはアクリルたわしを使い、湯でサッと洗う

表面の汚れを落とすだけ

土鍋は水か湯を入れておき、たわしでしっかりこする

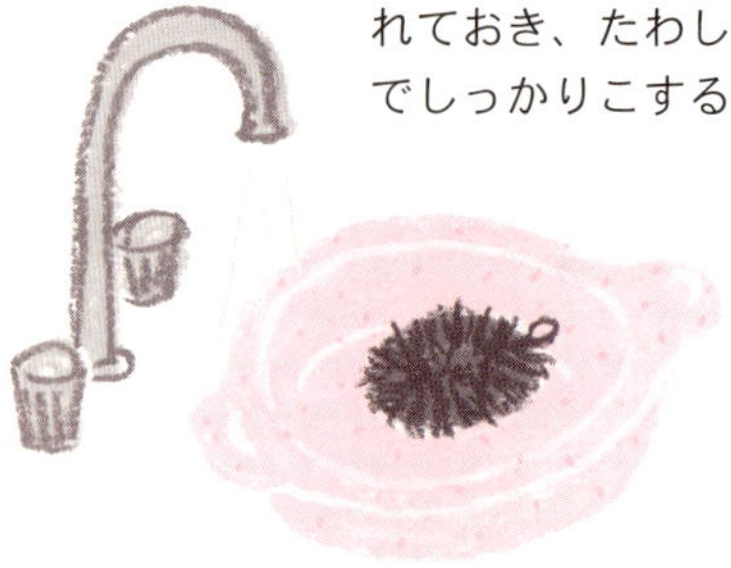

洗剤をつけずにこするだけ

コツ

柄のないたわしで

汚れがこびりつきやすい。たわしは、柄がないほうが力が入る。

知恵

電気ポットは酢水をわかす

電気ポットの中に白い汚れがついたら、お酢を小さじ一〜二杯入れて湯をわかせばキレイになります。いったん流したあと、もう一度水だけを沸騰させ、ゆすぎます。

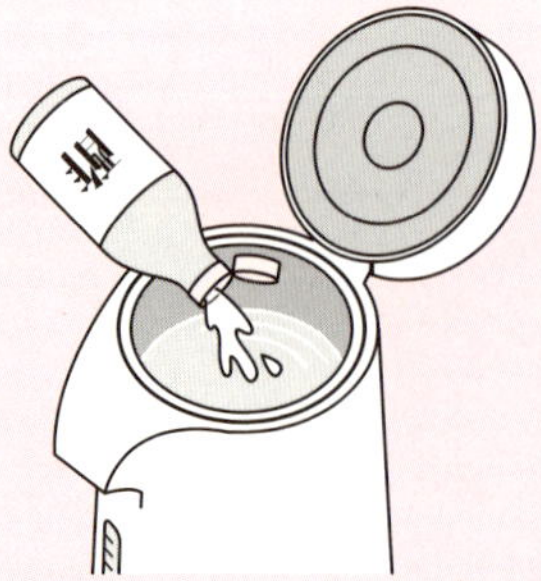

消費期限切れのお酢でもいい

焼ききって洗う

鉄の中華鍋は、使ったあと、加熱して、一気に水洗いします。汚れがすべてとれ、スッキリ。

料理をとり出したら、強火でどんどん加熱し、煙が少し出てきたら

一気に水を入れてたわしでザザッとこする。これだけでキレイになる

鍋のカレーはふきとってから

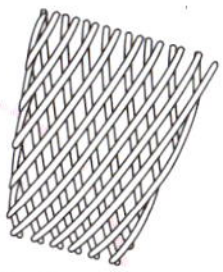

果物のネットで

最初に、野菜や果物を包んであったネットでカレーをぬぐいとり、そのあと湯で洗います。

ゴムべらで

鍋の内部をゴムべらでぬぐいとり、そのあと湯で洗います。

カレーはおいしいけれど、鍋を洗うのがひと苦労。でも、最初に鍋の中をぬぐっておけば、あとは普通に洗うだけです。

床

なにも敷かないほうが清潔

キッチンに足元マットのようなものを敷いている人は多いようです。床を汚さないようにということなのでしょうが、まめに掃除や洗濯をしていないと、すごく汚くて、不潔感いっぱい。敷かないほうがよほどキレイです。

ときにはきっちり水ぶきを

汚れてきたら水ぶきでスッキリ。たまにワックスがけもします。牛乳をこぼしたときはチャンス。ワックス代わりになるので、ふきとるついでに広範囲をみがきます。

工夫

知恵

クッションフロアのみぞの汚れとり

キッチンの床がクッションフロアの場合、みぞに細かい汚れがつまってしまいます。ハブラシでこすってもいいのですが、風呂用のナイロンタオルでこすれば、とりやすくなります。

汚れが広範囲なら、小さく切ったナイロンタオルがいい

気が向いたときに床掃除

キッチンの床は油がはねたり、水をこぼしたり、食べ物のかすがついたりして汚れがち。床になにも敷いていないと、いつでも掃除ができます。

床に置いておくのは、
乾いた布を

扉の裏に古布収納

扉の裏にフックやネットをつけ、袋やカゴをかければ、古布をストックできます。

古布を置いておく

古いタオルなどの布を足元に置いておき、ときどき引きずって床のふき掃除をします。ちょっとお行儀がわるい？

手が荒れない台所仕事のコツ

水仕事で手が荒れるのは、
手の皮膚のバリヤーとなっている脂が
とれてしまうことが大きな原因です。
洗剤を使わないことがいちばんでしょう。

柄つきたわし、柄つきスポンジを使う

なるべく手を濡らさないことも大切です。

洗剤を使わない

とくに台所用合成洗剤は油を除去する力が大きいので手の脂もとれてしまいます。

ポリ袋、ゴム手袋を使う

汚れた物や濡れた物は直接もたないことも大切。

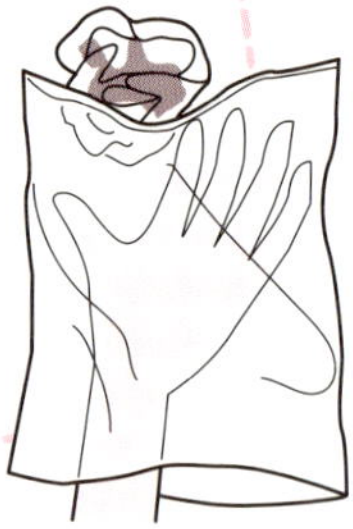

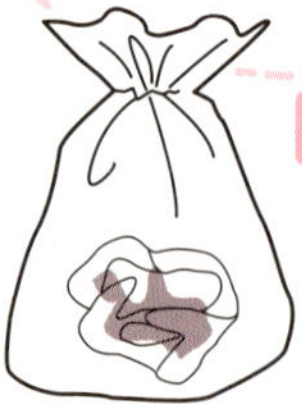

ポリ袋を手にかぶせてもち、ひっくり返して捨てるだけ

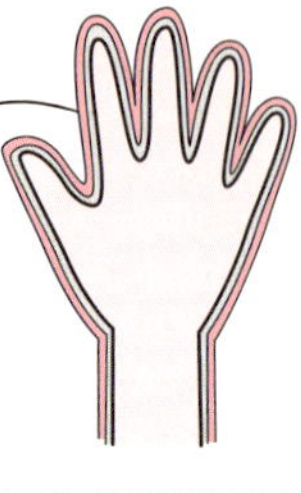

布手袋は木綿を。化繊はダメ

手に保湿クリームを塗り、布手袋、ゴム手袋をして湯で洗い物をする。手荒れが改善する

ふきん類は洗濯機へ

ふきんなどは人力ですすがずに機械に頼って。

食洗機もときどき空洗いを

手荒れ予防には食洗機が活躍。でも雑菌が繁殖しやすいので、数ヵ月に一度は、食器を入れずに洗剤だけで運転させましょう。

Part 4

水まわりの掃除は
カビとの闘い

数日間気を抜いていると、すぐに出てくるカビ。
いったんできてしまうと、とるのは大変。
「うちにはカビなんてない」と思っても、
目に見えないだけで芽ばえているかもしれません。
すぐに防カビ対策を始めましょう。

ワンポイントアドバイス

**防カビには、エサ、温度、
湿度のいずれかを断つ**

便器は水だけでキレイになる

毎日

トイレは、汚れをためてしまうと、掃除をするのが気持ちわるいところです。せめて便器だけでも、まめにふいておきましょう。

アンモニアは水にとけるので、ふだんは水ぶきだけでOKです。

トイレットペーパーでふく

毎日の掃除はトイレットペーパーを丸めて。手洗い用の水で少し濡らしてふきます。

使い捨てシートは流さない

トイレ掃除用シートは便利ですが、薬剤を含んでいるので、流さないようにしたいもの。燃えるゴミとして捨てましょう。

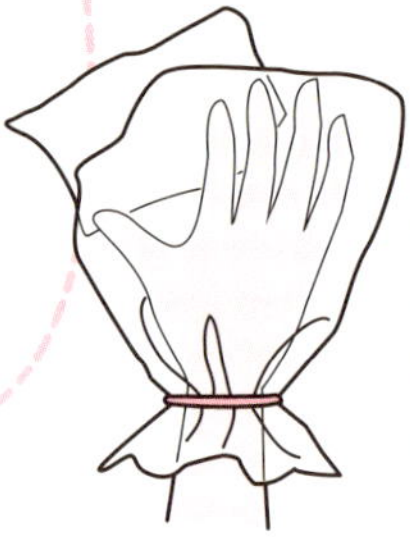

手にポリ袋をかぶせ、掃除したらひっくり返して捨てる

手洗い器もこする

汚れが見えなくても、手を洗うついでにこすっておく

かわいい道具を置いておく

つい手にとりたくなるようなブラシなどを、手洗い器のふちに置いておくといいでしょう。

これだけはやっておきたい

毎日のことなので、
トイレットペーパー
でサッとふきます。

ふたをふく
ふたの裏側だけでも
便座の表をふく
ぐるりと水ぶき
便器をひとこすり
汚れたらブラシでこすっておく
便座の裏をふく
便座を上げて裏をふく
便器のふちをふく
便座を上げてふいておく

トイレ

みがき方のアイデアいろいろ

日常

アンモニアはすぐなら水にとけますが、ほうっておくとこびりつき、落としにくくなります。毎日の掃除でふき残したところなど、週に一回は、きちんと掃除をします。P94の内容も合わせて、広範囲にしましょう。

こんなアイデアも

便器の中などはトイレ用洗剤を使ってこすりますが、エコ的には、下のような方法もおすすめです。

試供品のシャンプーで

髪に合わない試供品のシャンプーは、トイレっぽくない香りがうれしい。リンスもすると汚れがつきにくくなります。

米のとぎ汁で

とぎ始めの白い汁で。ただし無洗米のほうが環境にやさしいという説も。

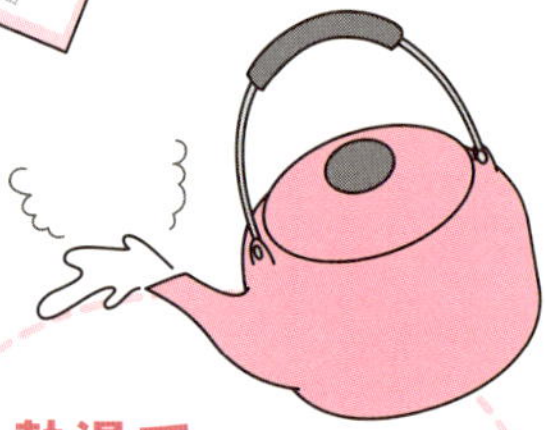

熱湯で

やかんで熱湯を注ぎながら、トイレ用たわしでこすり洗い。やけどに注意。

ビールの残りで

気が抜けていないビールを、汚れている部分に注ぎながらこすります。

お酢で

たまにならＯＫ。いつもお酢では、臭いが気になってきます。

毎日の掃除をより広範囲に

手洗い器
水アカをはみがき粉か
クレンザーで落とす
毎回掃除していないところを
水ぶき。便器内はブラシと洗
剤でこすり洗いします。
ココ
カラフルな色柄
のゴム手袋をし
て、掃除を
楽しく演出
ココ
ふたの表裏
水ぶきを
ココ
便器
陶器の便器全
体を水ぶき
ココ
ふたと便座の間
水ぶき。汚れがたまってい
たらハブラシでかき出す
ココ
便座のふちの裏側
見えないけれど、汚れやすい部
分。ブラシできっちりこする

トイレ

臭いが家にしみこまないように

日常

毎日掃除をしていないけれど、悪臭のもとになるところは週に一回程度はキレイにします。とくに床や壁。臭いはじょじょにしみこむもの。ほうっておくと家全体がトイレ臭くなってしまいます。

タオルも利用

手ふき用タオルをとりかえるとき、ついでに、棚など汚れの少ないところをふいてしまいます。

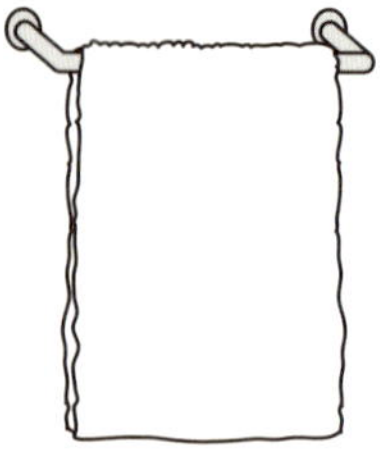

カバー類を洗う

最低でも週１回は洗濯したい。とくに床に敷いてあるマットは絶対に洗わないと悪臭のもと

カバーを使わないのもひとつの方法

トイレマットや便座カバーを使わないという選択肢もあります。ただ、便座は使用するたびに水ぶき。フローリングもとびちった尿がしみこまないよう、使用するたびに水ぶきします。

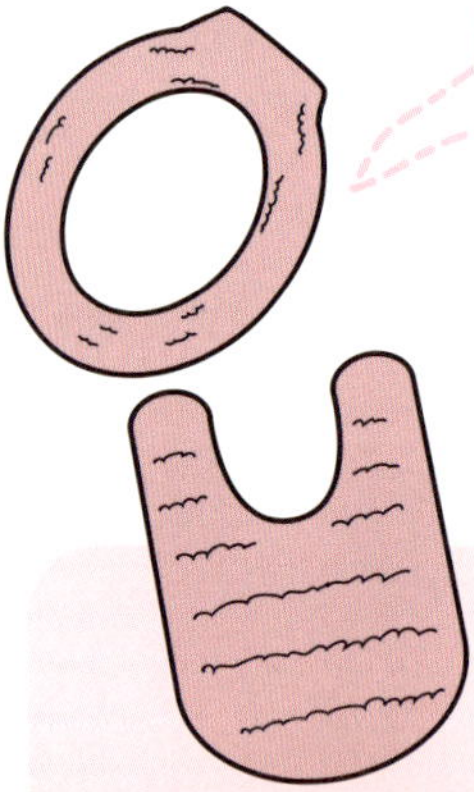

知恵

しつこい汚れはサンドペーパーでこする

手洗い器の水アカのような汚れは、はみがき粉を古布につけてこすり洗いします。それでもとれない場合は、＃１２００以上のサンドペーパーでみがきます。

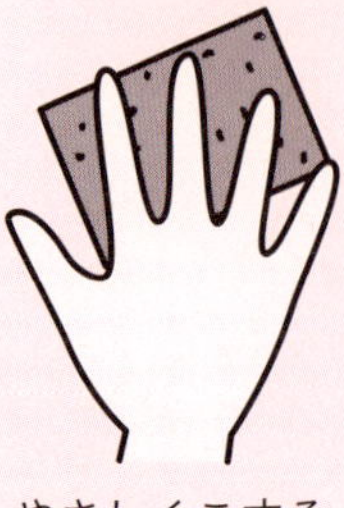

やさしくこする

便器以外も水ぶきを

水ぶきか、トイレ掃除用洗剤でふきます。また、ひどい汚れは、古布にはみがき粉をつけてみがきます。

水栓もみがく
古布にはみがき粉をつけてみがきます。
タンクの表面
水ぶきか洗剤ぶき。
タンクわき
スペースがせまく掃除しにくいけれど、壁の水ぶきか洗剤ぶきを。
壁も水ぶき
水ぶき。臭いが気になるときは古布にトイレ掃除用洗剤をしみこませて。
床は水ぶき
水ぶき。フローリングはひんぱんに。臭いが気になるときは洗剤でふきます。
便器のふち
便器と床の境目は汚れがこびりつきやすいので水ぶきか洗剤ぶき。汚れはハブラシでかき出します。

洗面所

毎日

化粧コットンを再利用

洗面ボウルは毎日キレイにしておきたいところ。とくに髪の毛が落ちたまだったり、汚れがついていたりすると、気分がわるくなります。お化粧もする気にならないような……。使ったらふく習慣をつけたいものです。

化粧コットンでついでにふく

洗面ボウルのふちの汚れは、捨てるコットンでふきとります。化粧水のアルコール分でキレイに。

お化粧をするときに使うコットン。捨てる物をリサイクルしないテはありません。

知恵

洗濯前のタオルで鏡をふく

鏡のポツポツ汚れには、タオルの半分を水で濡らしてふき、残りの乾いた半分で仕上げぶきします。そのあと洗濯機へ。

ハーハー息を吹きかけてから、乾いたタオルですぐふけばピカピカに

気づいたときにサッと

洗剤不要

洗面ボウルは水を含ませたメラミンスポンジで。

めがねふきでついでにふく

鏡の汚れはめがねふきでふくのがいちばん。なければ右下のコラムの要領で。

気づいたらこする

洗剤をつけず、単にスポンジやブラシでこするだけでも。

かわいいブラシを洗面台に常備

排水口には網をかけておく

髪の毛などの細かいゴミが海まで流れていかないように。

網目のゴミはつまようじで除去

歯をみがくついでに洗面台も

週に一回程度は洗面ボウルや水栓をみがきましょう。歯をみがくついでに、はみがき粉でみがけばいいのです。

水で流し、乾いたタオルでふけばピカピカ。清潔感のある洗面所は気持ちのいいものです。

水栓ははみがき粉でみがく

ハブラシにはみがき粉をつけ、金属部分をゴシゴシ

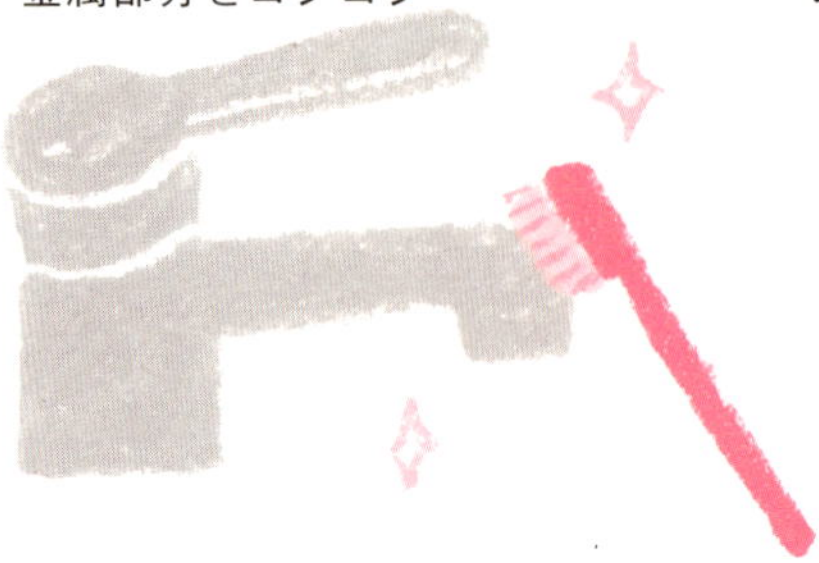

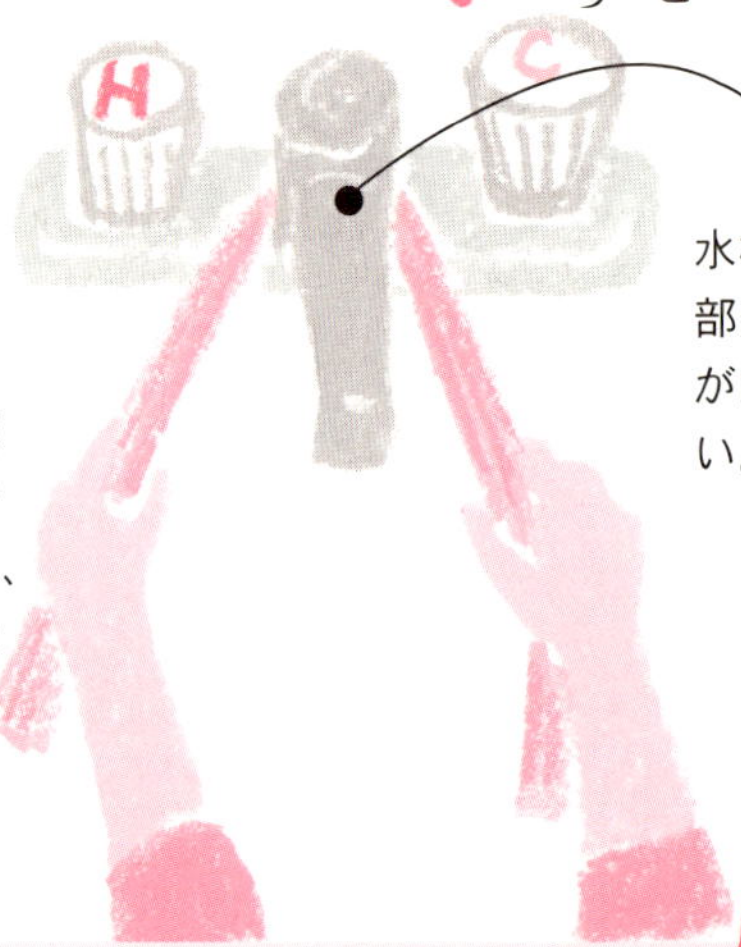

水栓のつけね部分には汚れがたまりやすい。意識して

水でザザッと流し、はみがき粉を落としたあと、日本てぬぐいなどの乾いた布でみがき上げる

知恵

レモンの切れ端でこすっても

レモンは酸性なので、水アカのようなアルカリ性の汚れを中和して落とすことができます。切れ端があったら、水栓のつけねや金属部分をこすってみましょう。

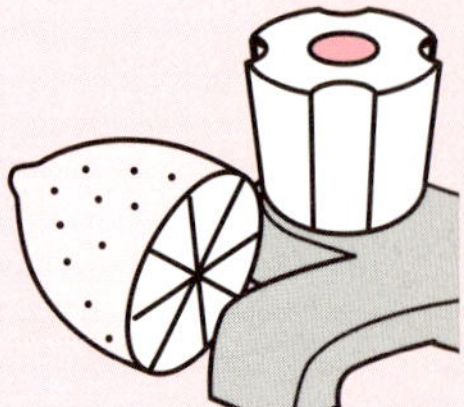

水洗いして、乾いたタオルでふいておく

日常

小物を洗い、棚をふく

洗面用コップや石けん置きなど、メラミンスポンジでこすり洗い。棚は水ぶき＋からぶき。鏡もふだんよりていねいにふく

使わなくなったクリームなど放置されていないか。不要の物を整理する

洗面ボウルははみがき粉でみがく

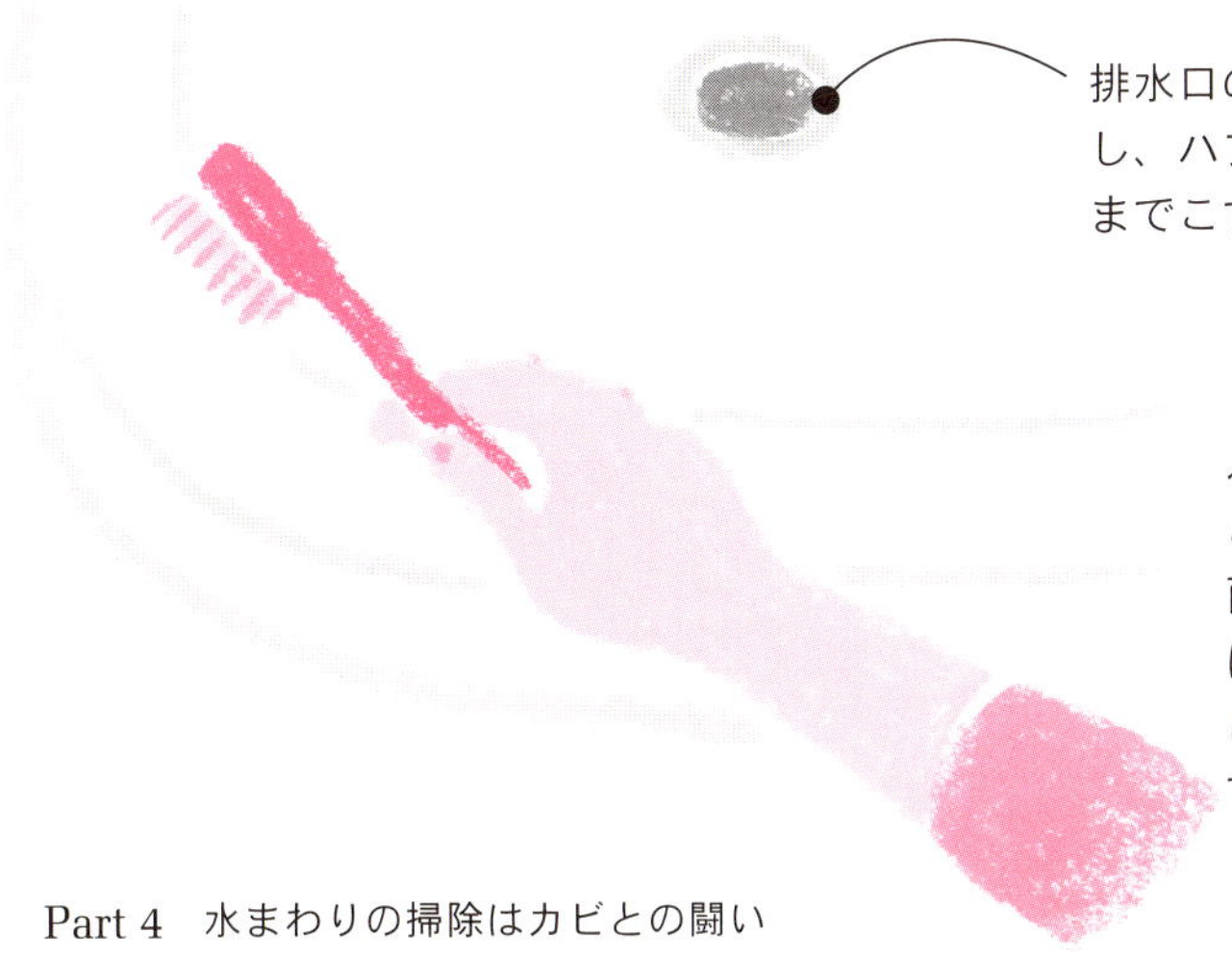

排水口の網をはずし、ハブラシで奥までこする

ふだんは汚れをふきとっているだけの洗面ボウル。たまにははみがき粉でみがく。とくにふちは裏側までしっかり

洗濯機

本格派

お酢で運転すれば汚れが浮く

洗濯機の周囲に悪臭がただようのは、洗濯槽や防水パンに石けんかすやカビなどの汚れがたまっているためです。ほうっておくと洗濯物にまでついてしまったり、悪臭がひどくなります。年に数回は洗濯機の掃除も必要です。

数時間放置する

なるべく熱い湯を最高水位まで入れ、お酢と酸素系漂白剤を各1カップ入れる。洗いのみ運転して、数時間放置する

汚れが浮く

そのままもう1度洗いのみ運転すると、溶けたワカメのような汚れが浮いてくる。風呂用の柄つきゴミとりネットのような道具ですくいとる

ハンガーとストッキングで手づくり

つづきの運転

すすぎ脱水まで運転。洗濯槽に残った汚れをふきとる

普通に1回運転

洗剤も洗濯物も入れず、水だけで1回フルコース運転

知恵

ゴミとりネットのつくり方

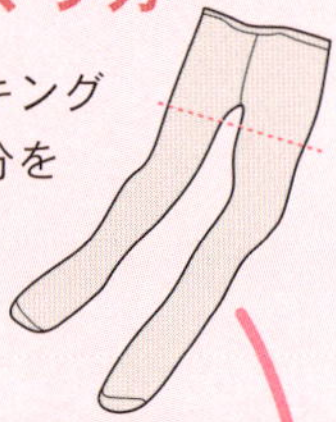

ストッキングの足部分をカット

針金ハンガーを四角か丸に変形

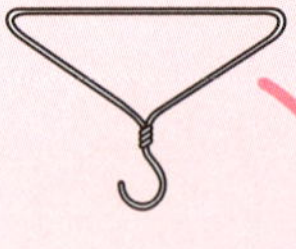

ストッキングをかぶせてとめる

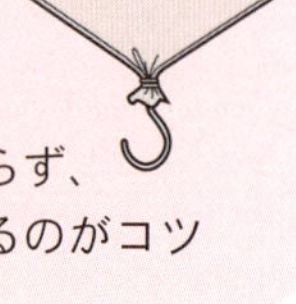

ピンと張らず、ゆるませるのがコツ

フルコース運転を２回

合計２回運転します。１回目はお酢と漂白剤を入れて洗いのみ、放置、洗い、すすぎ脱水の順番で。２回目はなにも入れずにフルコース運転します。

防水パンの汚れをとる

湿気でかたまったホコリがいっぱい。わりばしで掃除棒をつくり、熱い湯をそーっと注ぎながらかきよせてとります。

掃除棒（P47参照）は何本か用意し、汚れたらポイ

上がるときにシャワーをする

毎日

浴室掃除はカビとの闘い。毎日気になるけれど手がまわらない、という人こそ、頭を使いたいところです。人によって作戦はさまざま。ここでは選ばずに、毎日できることをまとめて紹介します。

水で

カビの3大要素のうち、温度を断つ。ただ、季節によっては寒くて大変。

熱い湯で

給湯温度を最高にしてシャワーすると、すぐに蒸発して乾燥します。ただ、やけどに注意。

足元にシャワー

石けんカスは壁の下のほうにいっぱい。足元は欠かさずシャワー。

洗いおけなどの中に湯を入れっぱなしにしない

床を毎日少しずつみがく

毎日、入浴したらまず少しでも床をみがく習慣をつけたい

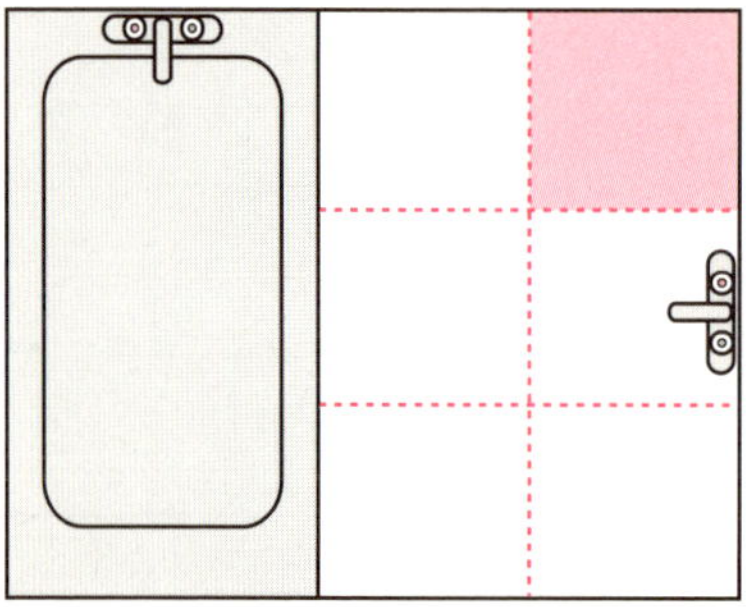

1回分

浴室の床全体の6分の1、8分の1など、欲張らなければ毎日できる

上がる前にシャワー

カビを育てる３大要素のうち、エサになる石けんカスを流します。最後に入浴した人がシャワーしましょう。

壁にシャワー

風呂を上がるとき、壁や床にシャワーをかけます。

ドアは開けておく

換気のため、ふだんは浴室のドアを開けっぱなしに。

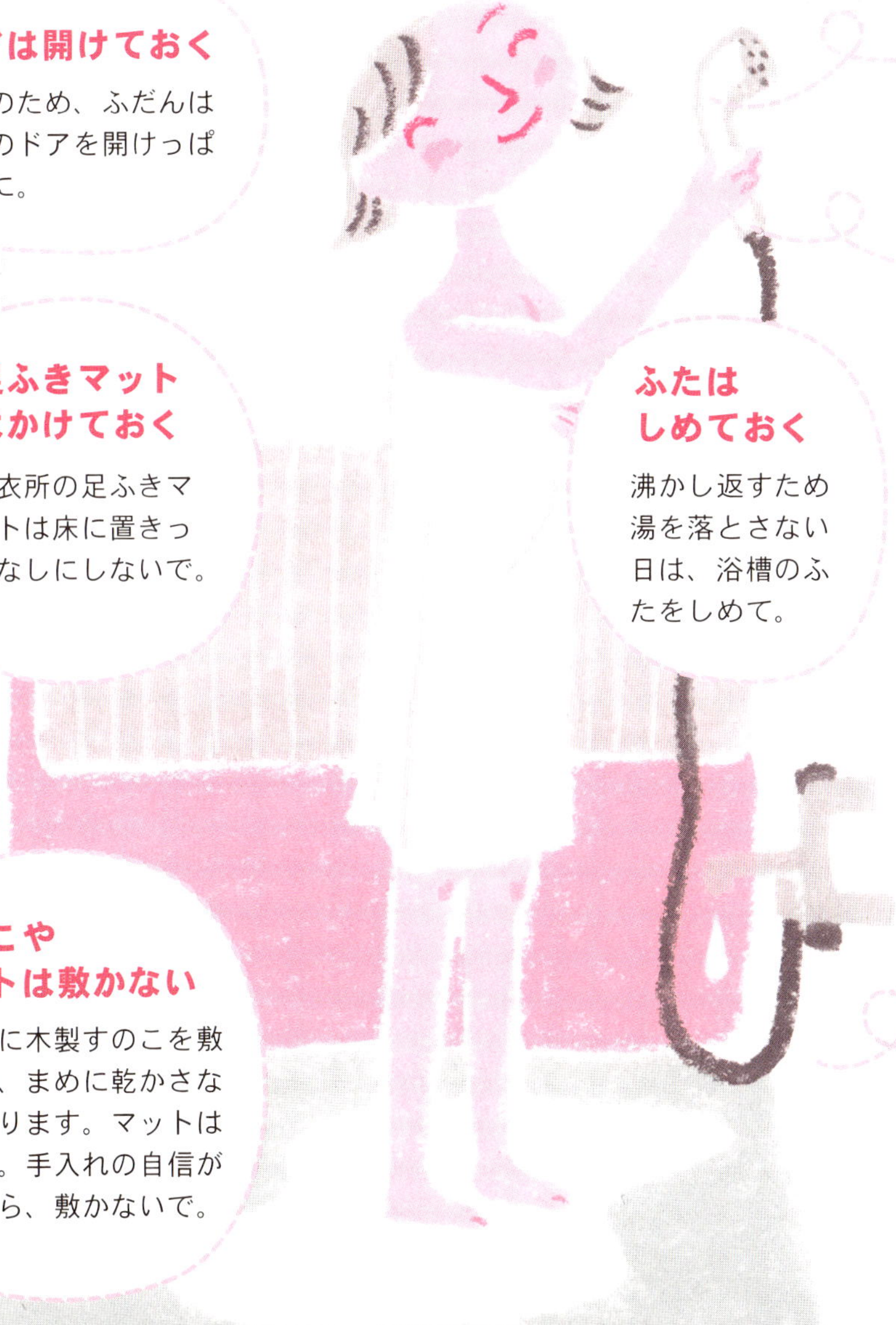

足ふきマット はかけておく

脱衣所の足ふきマットは床に置きっぱなしにしないで。

ふたは しめておく

沸かし返すため湯を落とさない日は、浴槽のふたをしめて。

すのこや マットは敷かない

浴室内に木製すのこを敷く場合、まめに乾かさないと腐ります。マットはカビに。手入れの自信がないなら、敷かないで。

湯を落としたら浴槽をふく

毎日湯を落とすのは水がもったいない。体を流してから湯船につかるようにすれば、衛生的にも問題ないので、翌日は沸かし返したいものです。湯を落とした日には浴室内をしっかり乾燥させましょう。

浴槽内をこする

ヌメヌメ防止のため、四すみと水位線のところは重点的にスポンジでこすります。

壁をこする

浴室用ブラシで壁をゴシゴシ。洗剤はいらない。タイルの目地もこすっておきます。

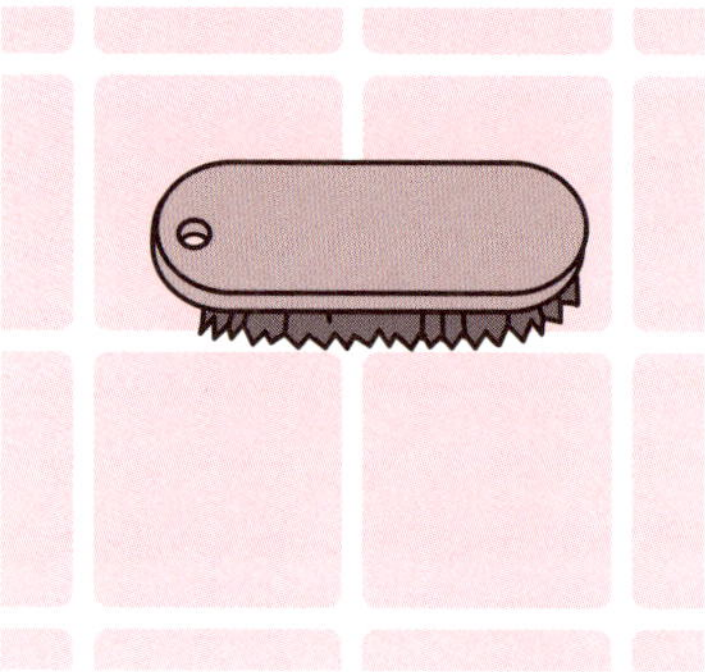

知恵

カビを防ぐための日常のひと手間

時間と心に余裕があれば、少しの手間でカビの発生をぐんと抑えられます。

上がるときに水でシャワーをしたら、ハンドワイパーで水けをとる

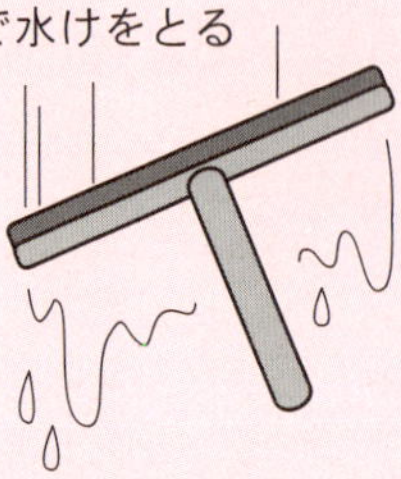

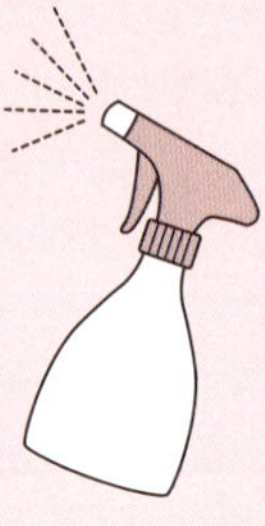

水で薄めた塩素系漂白剤を壁にスプレーしておく

日常

乾かすことを考える

カビがいちばん喜ぶのが湿気です。浴槽の湯を落としたら、水けをしっかりとりましょう。

洗剤不要

湯が温かいうちにスポンジでこするだけ。

できれば浴室内に換気扇をつけたい。

バスタオルで

洗濯前のバスタオルで浴槽をふく。Tシャツやシーツでもいいでしょう。

たまには徹底的にこする

本格派

入浴タイムはリラックスタイム。浴槽につかってほっとひと息ついたら、天井のカビが目についた。見わたすと排水口の汚れも気になる。

そんなときには、思い切って本格的な浴室掃除をすることにしましょう。

排水口のチェック

ひんぱんに掃除したいところ。
洗髪したら要チェック。
からまった髪の毛を
とり除く

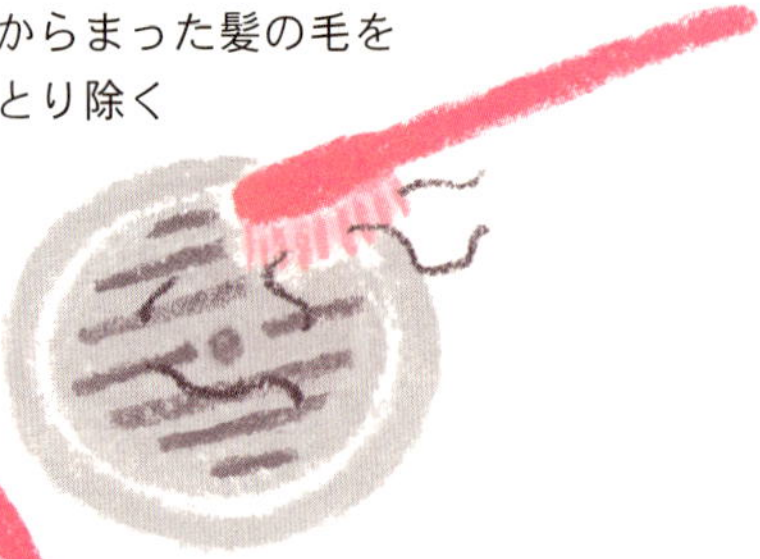

目皿をはずして、柄つきたわしかハブラシで排水管をこする

こんなところもこすっておこう

小物入れ

シャンプーや石けんを入れる棚。浴室用ブラシでこすっておきます。

ドア

とくに浴室内は石けんかすがとびちって付着しています。浴室用ブラシでこすります。

水栓

金属部分はメラミンスポンジでこするとピカピカに。はみがき粉でみがいてもいい。

天井もこする

天井の四すみは掃除しにくいけれど、カビが出やすいところです。夏にぜひ天井の掃除をしておきましょう。

デッキブラシで

水で洗いながら天井をこすります。カビが出ていたらクレンザーをつけてこすってから水洗い。

浴槽をこする

傷つけないよう、液体の浴室用洗剤を使って洗います。外側もこすります。

材質による注意点

ホウロウ	洗剤を使ってスポンジで洗う
ポリ	洗剤を使って、スポンジか浴室用ブラシで
大理石	スポンジで。浴室用ブラシは避ける
木	たわしにクレンザーをつけてこすり、水洗い。よく乾かす

知恵

ホウロウの傷はマニキュアで

ホウロウの浴槽が傷ついたら、透明のマニキュアでカバーしておきます。ホウロウ鍋も同じこと。ちなみに、ストッキングの伝線をとめることもできます。

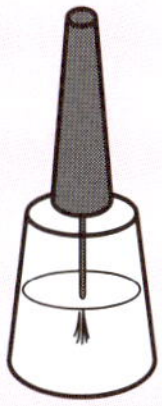

1本常備しておくと便利

カビが根をはやさないうちに

浴室内の汚れは白色か透明なので見えません。汚れていたと気づくのは、カビがポツポツと出てきたとき。

カビは見つけたらすぐに除去しましょう。また今度、などと延ばしていたら、根をはやしてしまいます。

カビの性格を知る

色は多種類

カビの種類は1000以上で色もさまざま。浴室に出るのはピンク、オレンジ、黄色、黒。

しみこむ

胞子がついた場所で根をはって育っていきます。深く、大きくなる前にとり除くことが大切です。

とびちる

胞子がとんで増えるので、天井など、とんでもないところに発生します。人間の体内にもとびちって入ります。

本格派

知恵

タイルの目地にロウソクを塗る

カビははえると大変なので、予防が肝心。目地にロウソクを塗っておくと、水をはじくので、カビがつきにくくなります。

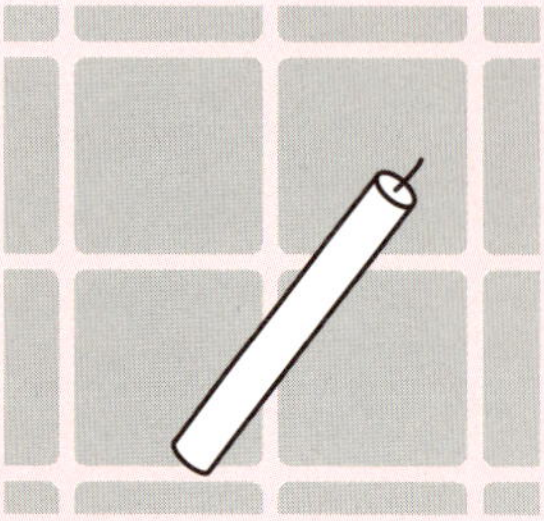

2～3回重ね塗りする

漂白剤シップをする

浴室ドアのパッキンはカビが発生しやすく、がんこになりやすいところ。ハブラシにクレンザーをつけてこすります。とれなければ漂白剤をしみこませてから、こすります。

注意

混ぜるな危険

浴室のカビとり洗剤の多くは塩素系。タイルの目地のカビとりに酸素系漂白剤を使うと有毒ガスが発生します。「〇〇ハイター」にも酸素系と塩素系があるので、表示の確認が必要です。

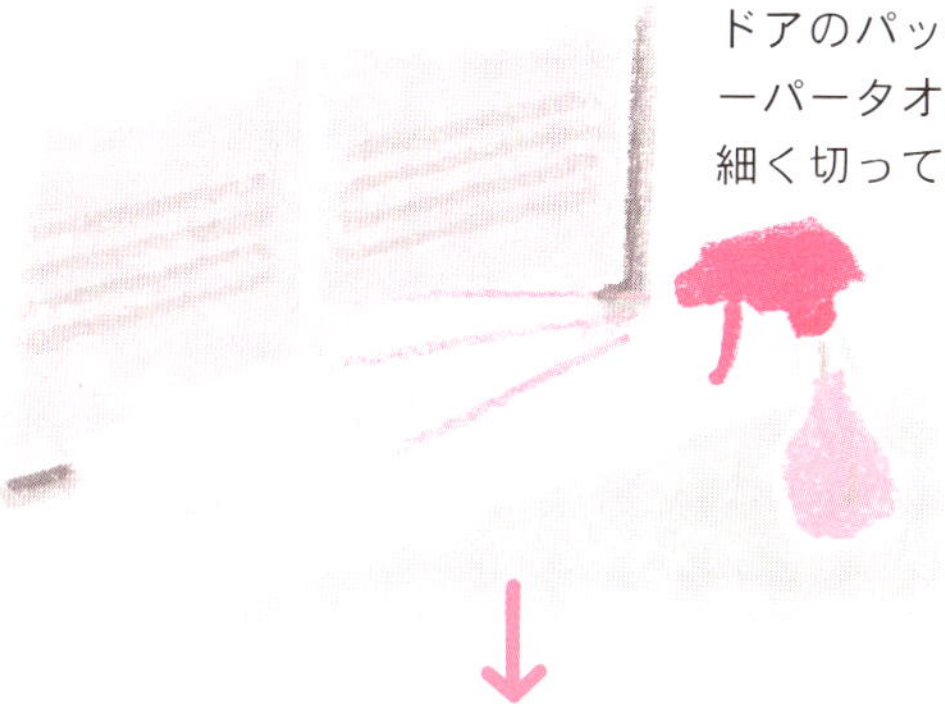

ドアのパッキンにペーパータオルなどを細く切ってあてる

漂白剤をスプレーする。そのまましばらくおけば漂白剤シップに

シャワーをかけながら、こすり洗い

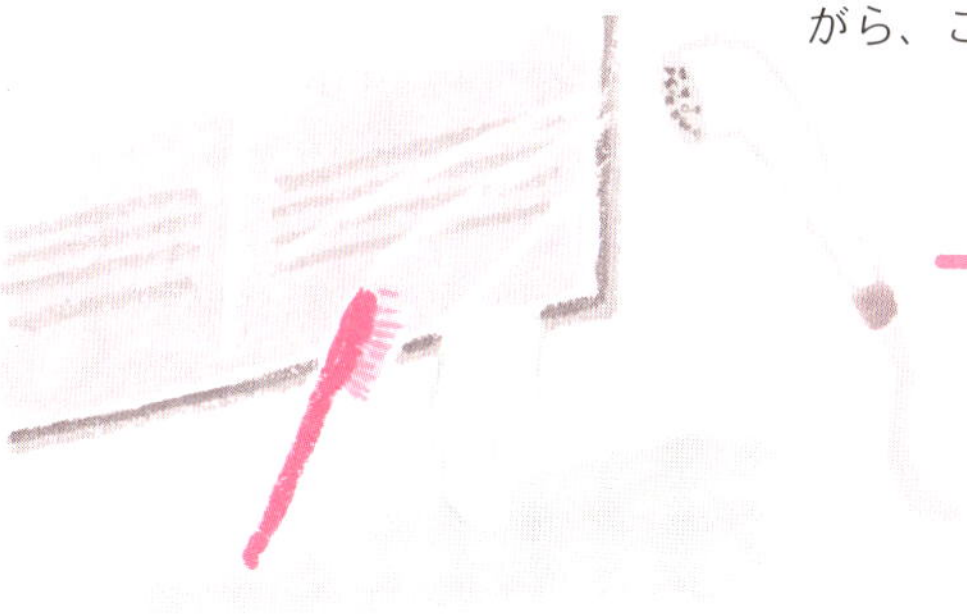

漂白剤シップをとり、ハブラシでこする

乾いた布でふき、水けをしっかりとる

壁はクレンザーで

カビはタイルの目地に出やすい。爪ブラシにクレンザーをつけてゴシゴシ

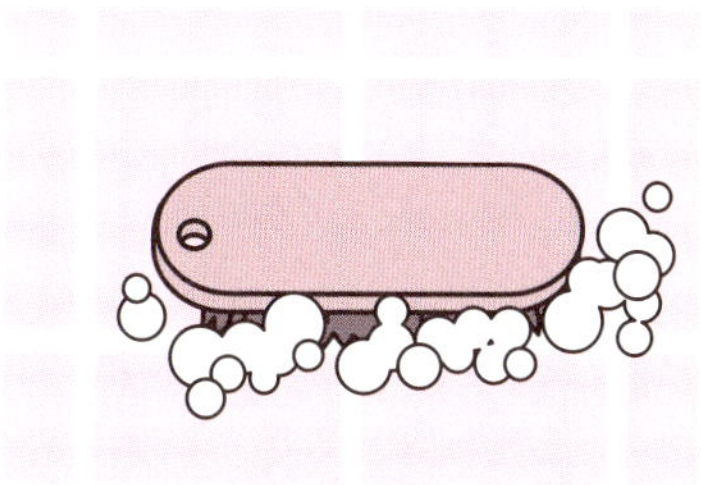

小物類は残り湯を利用して

いすやおけなどの小物類は、スポンジでザッとこすってから使うようにするといいでしょう。ときどきは、残り湯を利用してつけおき洗いをします。
それでもとれない汚れはメラミンスポンジでこすり洗いをします。

日常

つけおき洗い

残り湯に漂白剤を１カップほど入れ、小物類をつけておく

翌日は流すだけ

小物類はシャワーで流し、ついでに浴槽もブラシでこすり洗い。

シャワーカーテンも

丸ごとつけておき、翌日はシャワーで流すだけ。たまには干して乾燥を。

木のおけは

たわしに粉末クレンザーをつけてゴシゴシ。水で流したらきっちり乾かします。

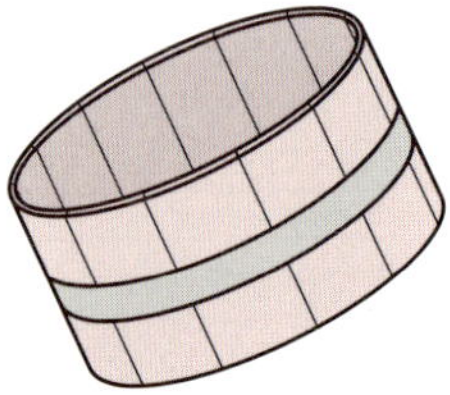

木は腐るので、できるだけ日光にあてる

Part 5

居室のホコリを効率よく処理する

寝起きしたり着替えたりするたびに
寝具や衣類から細かい繊維が出て、人が動くたびに
空中を舞う。そこに花粉やカビ、
ダニなどがついたものが、ホコリの正体です。
寝室や居間の掃除は、
ホコリをとることがいちばんの目的です。

ワンポイントアドバイス

雑巾がけは、夏はからぶき、冬は水ぶきで、湿度調整にも

居室

ホコリが舞わないはたきのかけ方

日常

部屋の掃除は、まずはたきがけから。家具、壁、桟《さん》、棚のホコリを、床に落として集め、一気に掃除機で吸いとるか、雑巾でふきとります。

ホコリが空中に舞わないようにするために、はたきは静かにかけます。

ホコリを落とすように

壁の垂直面にもホコリはたまります。壁をスーッとなでおろすように、はたきをかけます。

ホコリを掃くように

棚や桟にたまったホコリは、掃いて床に落とします。はたきを水平にそっと動かすように。

それでもホコリが気になるなら

せきやくしゃみが出るなど、ホコリ大嫌いという人も。気になる場合は、霧吹きスプレーで床が濡れない程度に水を空中にシュッ。空中に舞うホコリがなくなります。

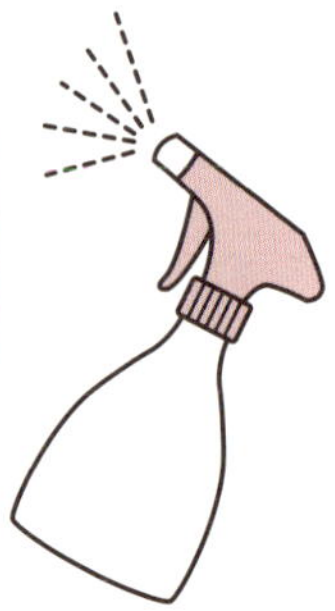

上から下へはたきをかける

部屋全体を上から下へ、はたきをかけていきます。壁、家具も同様に。ホコリをはらい落とすように、静かにかけます。

はたきは木綿製か羽根ばたきがいい

すき間はかき出す

家具と家具のすき間は、掃除棒（P47参照）でかき出して、掃除機で吸いとるか雑巾がけ。

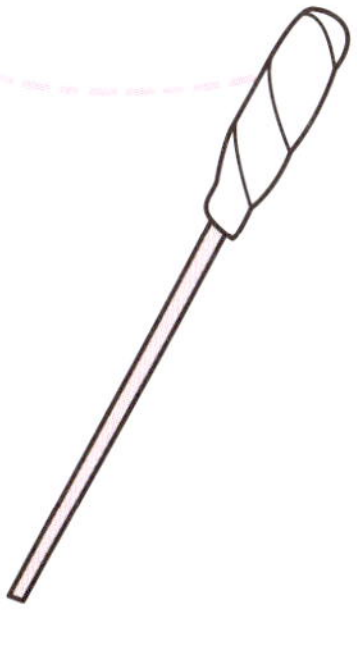

コツ

パンパンしない

勢いよくパンパン！とはたきがけするのは、いかにも掃除してます、という気分になるけれど、すごい勢いでホコリが舞うことに。

静かにするほうが早くキレイになる

洗剤の種類と用途

汚れに合った洗剤を選びましょう。
エコ的には、まず代用品を
使ってみることを、おすすめします。

中性　　酸性

弱酸性

作用がおだやか

ふだんの掃除に幅広く使える。界面活性剤が主成分で、薄めて使うタイプが多い

- 台所用（食器類）
- トイレ用
- 浴室用

代用品

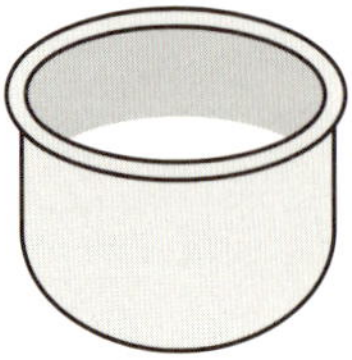

米のとぎ汁

小麦粉

アンモニア、水性汚れに

白色の水性汚れ、しみついた尿汚れなどに向く。鉄部分はサビるので注意

- 台所用漂白剤
- トイレ用強力洗剤

お酢（P 116参照）

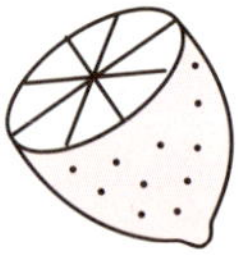

レモン

代用品

塩

洗剤は４種類に分類できる

掃除用の洗剤は種類が多く、どれをどこに使っていいかわからないほど。でもよく見ると、化学的性質から４種類に分けられます。

アルカリ性

ひどい油汚れに

台所のこびりついた油やカビをとる。強力なのでゴム手袋を着用して使用を

- カビとり剤
- 台所用漂白剤（強力）
- 換気扇、ガスレンジ用（強力）
- 浴室・台所排水管洗浄剤

弱アルカリ性

油汚れに

普通の油汚れや手アカに。住居のあらゆるところに使える。カビ落としにも

- 台所用（換気扇、ガスレンジ用）
- 住居用（床、壁、家具用）
- 窓ガラス用
- 浴室用（強力）

汚れは分解して落とす

洗剤を使うとなぜ汚れが落ちるのでしょう。それは汚れの化学的性質と逆の化学的性質の洗剤を使うことで、汚れを中和、分解させるからです。水の汚れはアルカリ性、油汚れは酸性。そこで、逆の洗剤を使うわけです。

重曹
（Ｐ116参照）

石けん
（Ｐ117参照）

代用品

クレンザー
（Ｐ52参照）

天然素材のすごいパワー

お酢パワー

お酢は酸性。水アカのようなアルカリ性汚れにパワーを発揮。お酢でふけば、除菌や防カビにもなる。

湯沸かしポットに

白くこびりついた水アカをとる。ぬるま湯にお酢を入れ、一晩おいてからすすぐ（P84参照）

シンクに

スポンジに含ませシンクをみがく。ぬるぬる防止になる

水切りカゴに

食器を洗ってふせておくカゴはカビがはえやすい。コットンにお酢を含ませて、ときどきふいておく

洗面器に

風呂用の洗面器に湯をはり、大さじ２杯ほどのお酢を加え、しばらくしてからスポンジでこする

トイレ便器に

便器内をこするとき、お酢を入れると臭いもとれる（P92参照）

重曹パワー

重曹は炭酸水素ナトリウムのこと。アルカリ性なので油汚れに最適。脱臭剤としても使える。

排水管に

キッチン、浴室の排水管は、お酢と重曹で（P59参照）

鍋に

焦げつきをとる。ひどい焦げつきは重曹＋お酢で

換気扇に

ソフトなクレンザーのようなもの。ふりかけて古布でこすり、湯で流し洗いを

石けんパワー

天然素材の石けんは、油脂に苛性ソーダを加えただけのもので、排水後、１日で分解されて自然に還る。弱アルカリ性なので油汚れに向く。

食器洗いに

スポンジにつけて洗う。鍋洗いにも使える

洗濯用石けんでかまわない

換気扇に

粉末、固形、液体、いずれでもかまわないので、スポンジにつけて洗う

もちろん洗濯に

石けんなので、洗濯に使うのは当然

注意

粉末の合成洗剤や、植物性石けんなどは、合成。混同しないよう注意を。

ガスレンジに

こびりついた汚れには、スポンジで石けんをつけたところに、重曹をふりかけ、古布でこすり落とす

トイレに

重曹をふり入れてから便器をこする。防臭効果がある

げたばこに

重曹を古靴下に入れ、靴に入れておく。２〜３ヵ月したら排水管やトイレの掃除に再利用

入浴剤に

重曹を半カップほど入れたお風呂は翌日の掃除が楽。体臭の気になる人にも

ホコリのたまるコード類はまとめる

工夫

ホコリでは死なない、などと言う人もいますが、電気製品は別。オーディオ製品やエアコンなど、たまったホコリは、機器の性能にも影響します。最悪の場合、たまったホコリに引火して、火災の原因にもなりかねません。

コンセントのホコリとり

たまには、コンセントのホコリとりのような細かい掃除をする日があってもいいでしょう。

つまようじの掃除棒で

つまようじの先にティッシュペーパーを巻いた掃除棒で、コンセントの穴をちょこちょこかき出す。

消しゴムで

プレート部分を水ぶきするのは危険。消しゴムでこする。

テープでふさいでおく

使わないコンセントはふさいでおけばホコリが入りません。

コツ

ふさぐなら下のほうを

下のほうがホコリがたまりやすい。ふさぐなら下を。

コンセントにホコリがたまったままでは危険

コードをまとめる

テレビやオーディオ製品の後ろは掃除しにくい場所。床にコードがはびこっていると、ホコリだまりになってしまいます。

ホコリは見えるが、なかなか掃除できない。この前掃除したのはいつ？

結束具を使用。または食パンなどの袋を閉じていた金具をリサイクル。なるべく長めのものをとっておくと便利

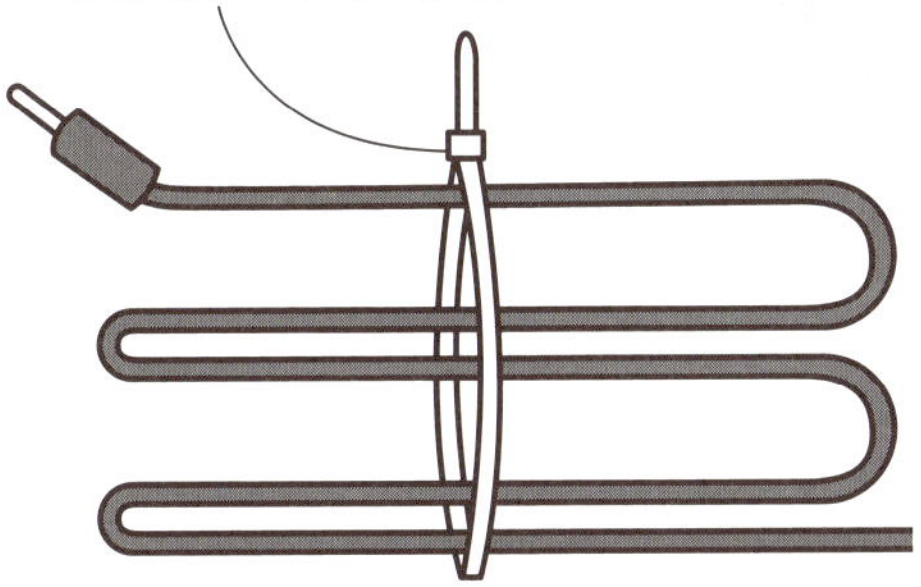

ホコリがついていたら、からぶきでふきとってから、コードをざっとたたみ、まとめる

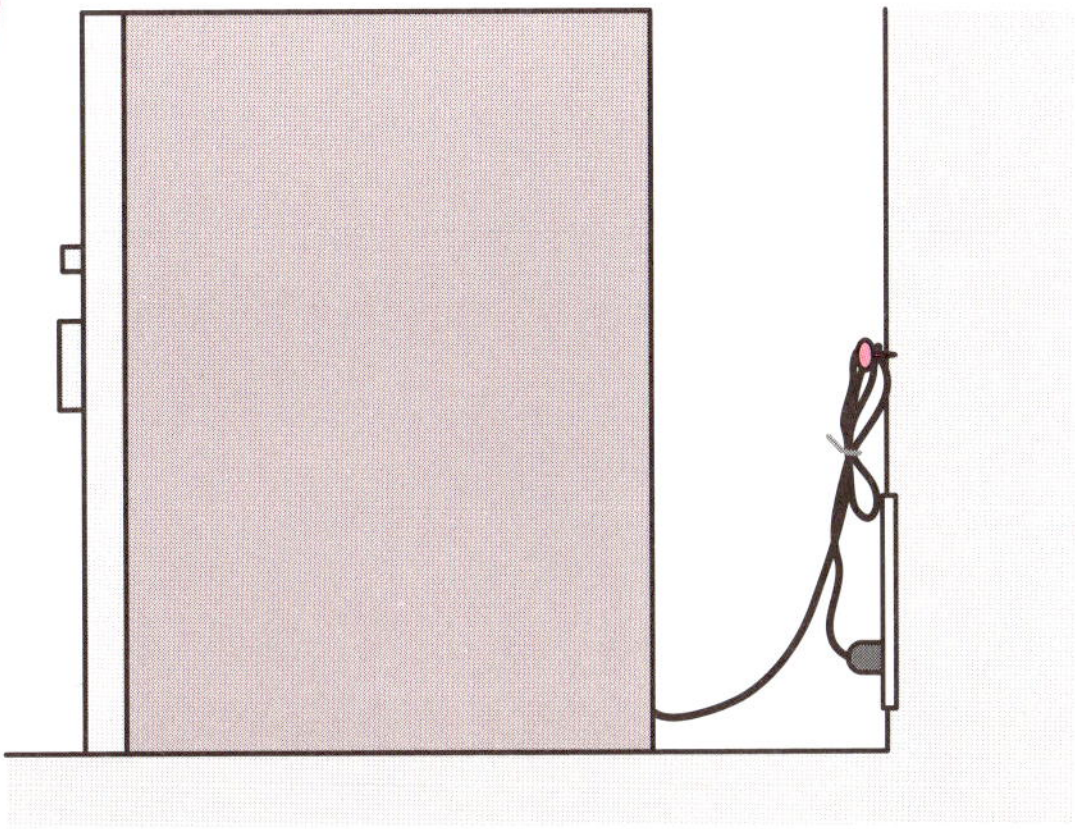

近くの壁にフックをとりつけ、まとめたコードをかける。床につかないようにすると、掃除しやすくなる

カーペット

掃除機以外にも方法アリ

カーペットのホコリは人が歩くところにたまり、からみついています。掃除機をかけるしかありませんが、掃除機は出すのがめんどう。しかも、ササッとかけた程度ではとれません。ここが工夫のしどころです。

ゴム手袋でなでる

ゴム手袋をつけ、カーペットの表面をなでると、ホコリがまとまってとれてきます。そこでサッと掃除機をかけます。もちろんゴム手袋は片手だけすればＯＫ。

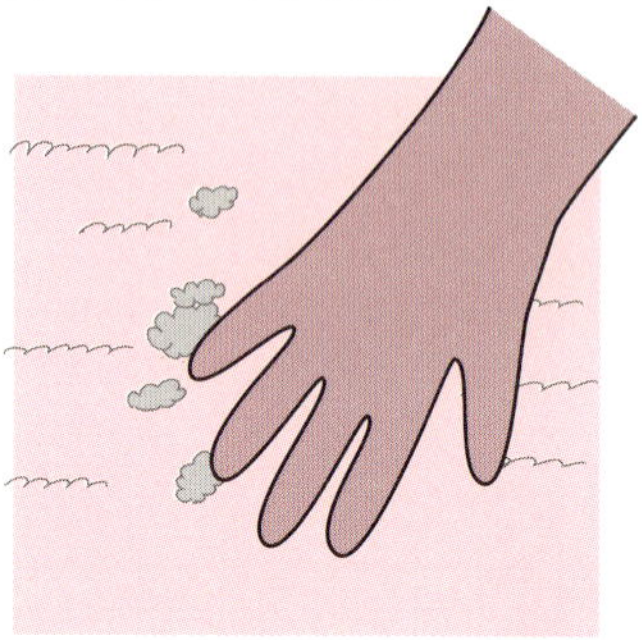

切ったナイロンタオルでこすっても、同じようにホコリがとれてくる

コツ

飲食はなるべくしない

単なるホコリに食べ物のカスが混じると、カビやダニがわきやすくなります。飲食は、フローリングやたたみなど掃除しやすい場所でする、という考え方もあります。

コンパクトで手軽。「パクパクくん」などの名称で市販されている

知恵

コードレス掃除機

掃除機を出すのが大変という人には、コードレス掃除機というテも。電気を使わないので、いちいちコンセントに差しこむ手間も、充電の手間も不要です。

日常

くっつける

カーペット全体に掃除機をかけるほどではないけれど、ゴミやホコリが見えるというときは、それだけをとって捨てればいいのです。

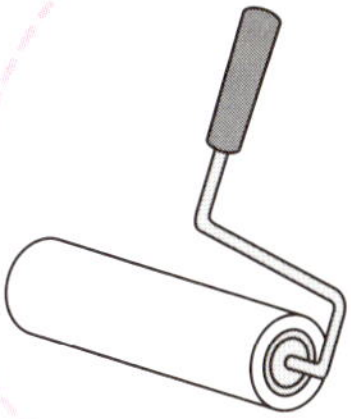

コロコロころがして、ゴミやホコリをくっつける粘着ローラーを使っても。

養生用テープ

ガムテープの粘着力は強くて、カーペットの毛までとってしまいます。ホコリやゴミだけをくっつけるには、養生用テープがおすすめ。

汚れているところだけ、集中的に。これでしばらく掃除機をかけずにすむ

掃除機をかけるなら

たまには、カーペット全体に掃除機をかけます。たまになので、ていねいに。

コツ

ゆっくり押す

何度も押して引いて、とするよりも、１ｍを５秒くらいのスピードで、ゆっくり押します。

汚れてベタベタした感じがするなら、掃除機をかけたあと、かたくしぼった雑巾でふく

フローリング

ワックスがけと床みがきを同時に

本格派

フローリングは雑巾がけをするとさっぱりします。掃除機をかけずに雑巾がけだけでもかまいません。
ただ、床材のことを考えるなら、たまには雑巾がけのあと、ワックスがけをしたいものです。

ワックス代わりにおすすめ

ワックスが家にないというとき、ワックスの臭いがいやというときには、いろいろなものが代替品になります。

コーヒーかす

コーヒーをいれたあとのかすをとっておいて。乾燥させ、ガーゼのような薄い布に包んで使います。

米のとぎ汁

古布にしみこませて。ただ、最近は無洗米が普及し、とぎ汁はないかも。

ミカンの皮の煮汁

ミカンの皮を煮詰め、汁を古布にしみこませて。

牛乳

消費期限が過ぎているほどいい。古布にしみこませて。臭いが気になるなら水ぶきで仕上げます。

知恵

フローリングのホコリ集め

スリッパの先に、ストッキングをかぶせておきます。静電気でホコリが集まってくっつくので、雑巾がけの回数が減らせます。

ストッキングが伝線したら、足の部分を切りとり、スリッパに1日かぶせてから捨てる

スピードワックスがけ方法

ワックスがけと、からぶき、つや出しをいっぺんにすませる方法です。準備万端ととのえて、作業を始めましょう。

古靴下を

からぶき用。古靴下を何枚か重ねて手につけます。汚れたら、順に捨てて。

コツ

しっかり乾燥

ワックスをかける前に雑巾がけをしたら、床を乾燥させないと、ワックスがしみこみません。また、ワックス代わりのコーヒーかすもよく乾燥させて、油分をしみ出させます。

ストッキング＋スポンジで

つや出し用。ストッキングの足部分を切って、２本用意。いらないスポンジを入れ、ひざに結びつけます。

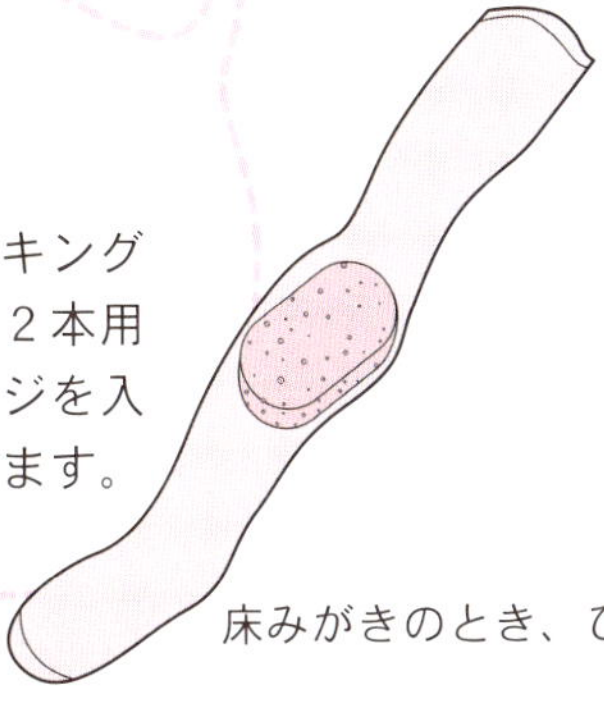

床みがきのとき、ひざをついても痛くない

コーヒーかすの油分がワックス代わりに

たたみ

目に沿って簡単湿り雑巾でふく

本格派

たたみはカーペットと違い、サッと掃除機をかけるか、ほうきで掃くだけでキレイになります。ふくとしても、からぶきが基本です。

いずれにしても注意したいのは、たたみの目を意識することです。

湿り雑巾でふく

たたみが汚れたり、ザラザラして気になってしかたがないときは、湿っぽい程度に水分を含んだ「湿り雑巾」でふきます。天気のいい日にしましょう。

へりもふこう

たたみのへりもふく

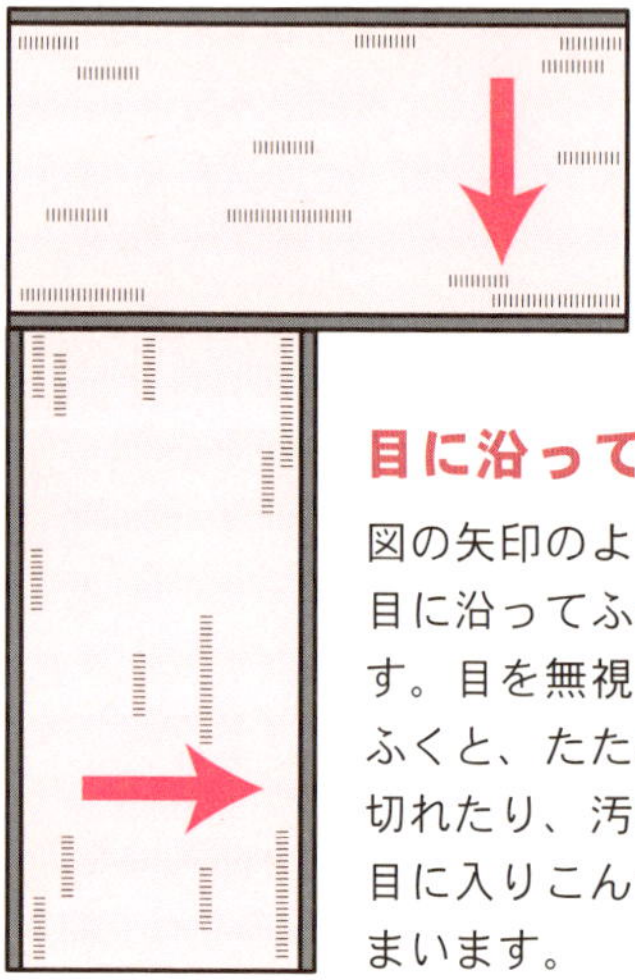

目に沿って

図の矢印のように、目に沿ってふきます。目を無視してふくと、たたみが切れたり、汚れが目に入りこんでしまいます。

コツ

換気が大切

たたみは水分を含むと、カビやダニの温床に。換気をよくして早く乾かしましょう。

知恵

湿り雑巾のつくり方

雑巾を洗い、翌日、生乾きのときに使うようにします。

すぐに使いたいなら、タオルの三分の一ほど濡らしてしぼり、その部分が内側に入るようにたたみます。

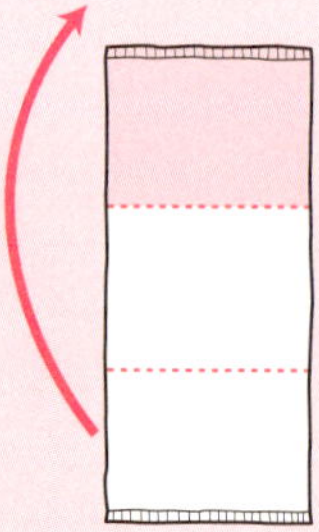

外側の乾いた部分がじょじょに湿ってきて、ほどよい感じになる

ふだんは掃除機かほうきで

ハンディー掃除機か、ほうきで掃く程度でキレイになります。

Q ほうきって何？

A

しゅろやほうきぐさなどの植物を乾燥させて集めたもの。原材料となる草によって弾力性がちがいます。

用途別に大きさも数種類
荒神ぼうき
しゅろぼうき
座敷ぼうき

ほうきで集めたゴミやホコリはちりとりで受け、捨てる。中に茶殻を入れておくと、舞わない

すき間も楽々

ほうきなら、家具のすき間にもすっと入り、ホコリをかき出すことができます。

たたみはいぐさという植物製。ほうきも植物製。自然派志向

かわいいちりとりをインテリアにも

使ったあとはザッとふき、飾っておくこともできます。すぐに使えて便利です。

天井

静電気を利用すればホコリが落ちない

本格派

一年に一度ぐらいは天井など高いところの掃除もしたいものです。ただ、高いところの掃除は、ホコリが舞い落ちてくるので、準備が必要です。まず、舞うホコリをできるだけ少なくすることを考えましょう。

たんすの上のホコリは

見えないけれど、意外にホコリがたまっています。ほうっておくと、エアコンをつけたとき、部屋中に舞うことに。

1年に1度以上はとりかえる

新聞紙を敷いておく

ぴったりの大きさに新聞紙を敷いておきます。とりかえるときは、そっと引っ張って、ホコリを内側に包むようにたたんで捨てます。

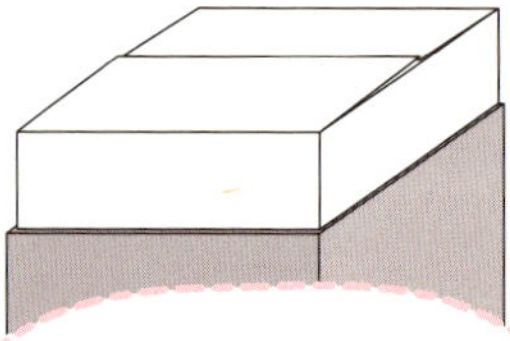

天井までダンボール箱をのせる

すき間をつくらないように。

天井の掃除をしなくていい

知恵

大掃除といえばすすはらい

年末の風物詩。大掃除というとすすはらいをイメージします。文字どおり、昔はかまどやいろりのすすで天井が汚れていたので、掃除も大変でした。

かっぽうぎに日本てぬぐいで姉さんかぶり。昔なつかしの大掃除スタイル

天井のホコリとり

すすこそないものの、天井にホコリがくっついています。柄の長いほうきを使うと便利です。

壁

天井だけでなく壁の上のほうも。表面にホコリがついています。

ほうきにストッキングをかぶせ、足の部分をしばる

ストッキングをかぶせる

なでるだけ。ストッキングの静電気でホコリがくっつき、ほとんど舞い落ちてきません。

ペーパーモップでふいても

床掃除用のモップで天井をふきます。

柄の長いほうきで

軽くて便利。柄の長いほうきが１本あれば、たたみやフローリングの掃除にも使えます。

マスクは必需品

使い捨てミニはたきが大活躍

日常

はたきを、棚の小物の間や並んだ本の上など、細かいところにかけるのはむずかしい。そんなときこそ、ミニはたき。水を入れた霧吹きスプレーをシュッとして、「湿りミニはたき」にして使うと、ホコリが舞いません。

棚の掃除アイデア

棚の上にはいろいろな物が置いてあります。いちいち動かさず、簡単にホコリとりをする方法を考えましょう。

ミニはたきで

湿りミニはたきを細かく動かし、小物と小物のすき間、小物にかぶったホコリをとります。

布を敷く

棚に布を敷いておき、粘着ローラーや養生用テープでゴミをとります。ホコリがとりきれなくなったら、布をはたいて洗います。

軍手雑巾で

P135の要領で軍手雑巾をつくって両手にはめ、棚や小物の上をなでます。

お気に入りの布を集め、たまに交換して楽しむ

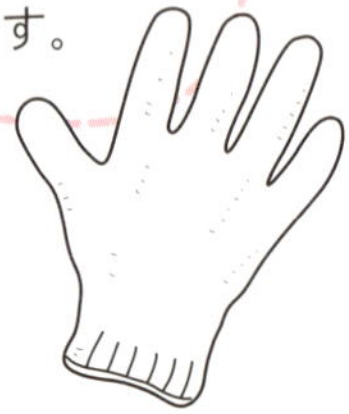

使った軍手は洗濯機へ

本棚はミニはたきで

並んだ本やＣＤ、ビデオの上にうっすらたまったホコリ。ミニはたき（P47参照）なら簡単にキレイになります。

よりていねいに

並べたままでもいいですが、よりキレイにしたいなら、２～３冊まとめてとり出して。

湿りミニはたきとドライミニはたきを使い分けて

本はドライタイプで

本には湿りミニはたきはダメ。ホコリがダマになって紙の間に入り、とれなくなってしまいます。

ミニはたきは何本か用意

わりばしとフローリングシートでつくりおきします。掃除のときは何本かもって、どんどんとりかえましょう。

表面についたホコリをふきとる

本格派

大掃除のときには、家具や家電もふきます。家具には手アカがついたり、すみにホコリがたまっています。家電は静電気でホコリを集めています。

家具や家電のほとんどは、湿り雑巾か、からぶきをします。

たんすの表面をふく

手アカのついた表面を湿り雑巾でふきます。ただし、桐製はからぶきだけに。

引き出しの中は衣がえのときに掃除機をかける

籐の家具は

荒神ぼうきでホコリをしっかりかきとります。風呂場へもっていき、丸洗いしてもスッキリします。ただし、よく乾燥させて。

荒神ぼうき

白木の家具は

古布に豆乳をしみこませてふき、そのあとからぶき。豆乳でなく、牛乳がいい、という説もあります。

革製のソファーをふく

掃除機の細いノズルをすき間にさしこみ、ホコリを吸いとります。

バナナの皮で

ソファの表面は、バナナの皮の白いほうでこすり、からぶきすると、ツヤが出ます。

エアコンはスプレーで

季節が変わった使い始めのとき、掃除をしておくと安心です。

市販のエアコン洗浄スプレーで内部をキレイにする

フィルターを洗う

使用中も、フィルターはときどき洗わないと、エアコンの効きがわるくなる

送風運転

スプレーをしたあとは、しばらく送風だけで運転し、よく乾燥させます。

居室の家電は

電源を切っておくと静電気が起きず、ホコリが集まってきません。エコにもなるし、不使用のときはスイッチＯＦＦに。

電話・ファックス

表面をからぶきか、湿り雑巾でふいてからぶきします。細かいところはつまようじの掃除棒で。

テレビ

表面はからぶき。液晶は濡らすとダメになってしまいます。

照明器具

電気のかさや蛍光灯は、薄めたお酢を古布にスプレーしてふきます。からぶきは不要。

ファックスの感光部をからぶき。ホコリがついていると、送受信紙に線が入る

掃除機＋ホースですみのホコリも

本格派

押し入れの奥のほうは、なかなか掃除ができないところ。ホコリがたまり放題になっていませんか。そのうえ湿度もあるので、カビが発生していることも。ふとんにいやな臭いがついてしまいます。クローゼットも同様です。

押し入れのチェックポイント

- しまったふとんがじっとりしていないか
- 変な臭いがしないか
- 除湿剤の容器に水がたまったままになっていないか

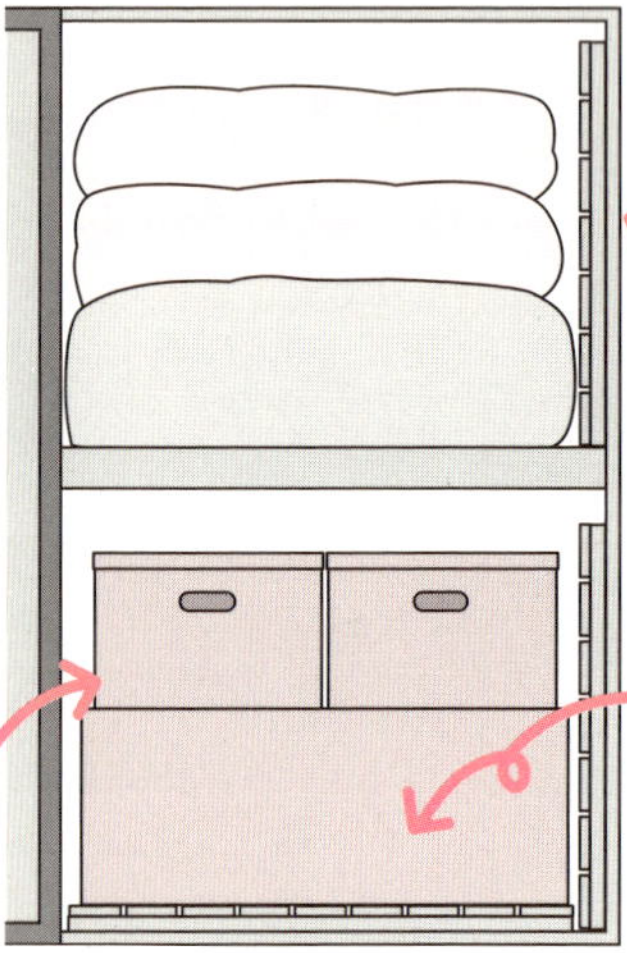

壁
カビ防止には、通風の確保が重要。床だけでなく、壁側にもすのこを立てかけておく

入れた物
床にはすのこを置く。じっとりしていたら、臭いがしみこまないうちに、出して干す

すみ ホコリがたまっていたら、左ページの方法で掃除

知恵

ふすまはなるべく開けておく

来客のないときは、押し入れのふすまは開けっぱなしにしましょう。風も通るし、中の物が目について、整理したくなるかもしれません。

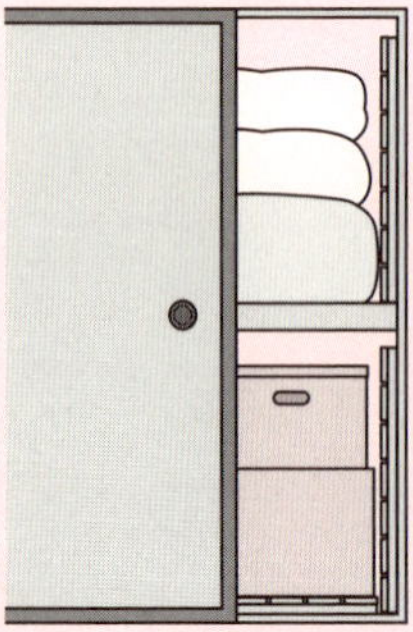

押し入れには、とにかく通風、換気が重要

すみのホコリをとる

収納物の間をぬって掃除。ホースだからグニャグニャ、自由に曲がる

押し入れのすみにたまったホコリはカビやダニの温床。掃除機のすき間ノズルが使えないときは、奥まで入る改造掃除機で吸いとります。

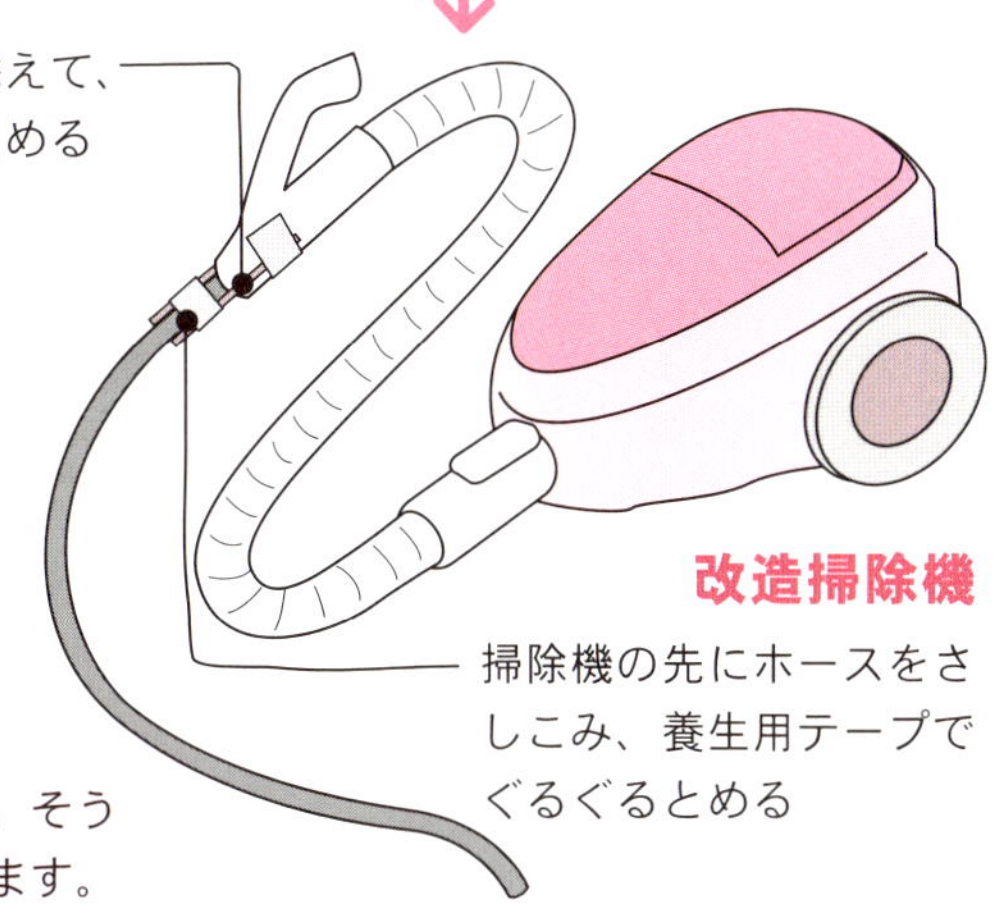
わりばしを添えて、いっしょにとめる
改造掃除機
掃除機の先にホースをさしこみ、養生用テープでぐるぐるとめる

Q

掃除機を改造しているよりも、物をとり出すほうが早いのではないですか？

A

たしかに。そうとも言えます。

軍手雑巾はケガの防止にもなる

工夫

室内にあるこわれやすい物や危険な物も、掃除は必要です。デリケートな作業には軍手雑巾を使います。ゴム手袋の上にはめれば、濡れ雑巾が手についたままになるような、いやな感じがなくなります。

危険な物に

ブラインドの掃除は専用の道具を使ったり、雑巾でふいたりしますが、スーッと横にふくとき、手をケガする危険が。

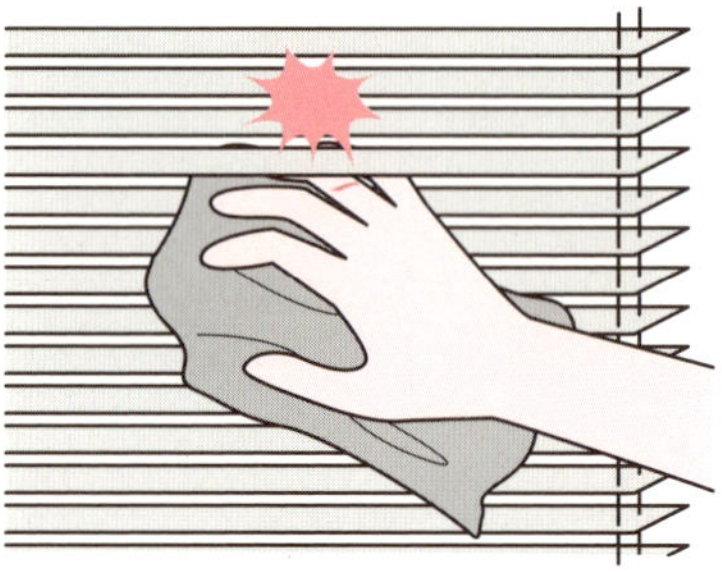

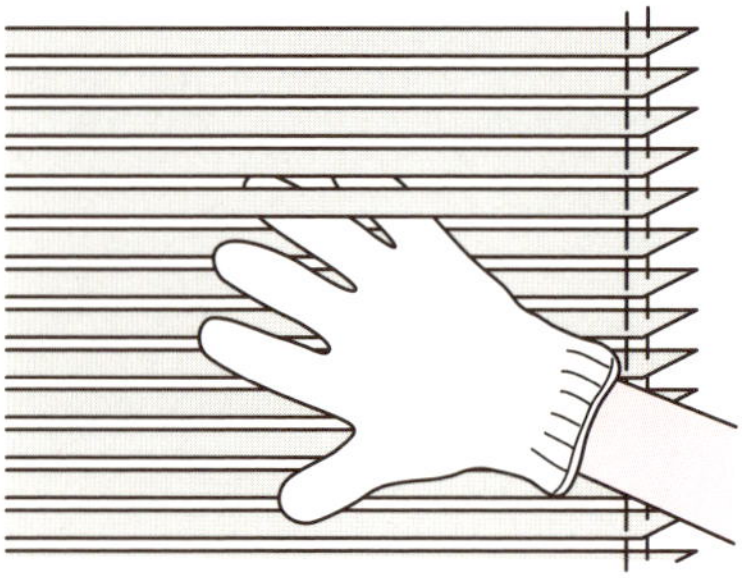

軍手雑巾ならだいじょうぶ。ただし、あまりひどい汚れのときは、はずして丸洗いが手っとり早いでしょう。

こわれやすいもの

カバーのついていない時計の針。はたきにひっかかって曲がったら大変です。

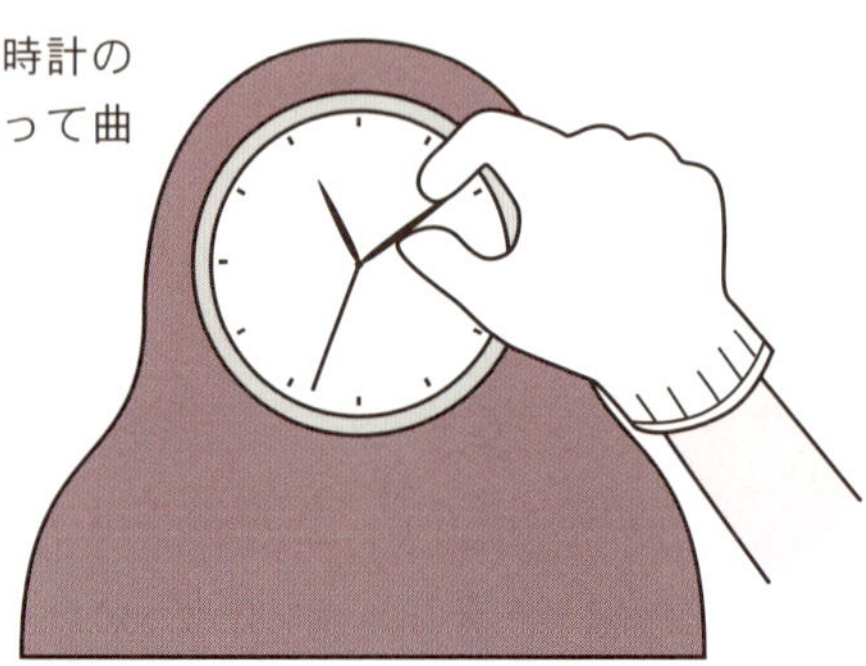

軍手雑巾のつくり方

ゴム手袋（できれば薄手）を手にはめ、その上から軍手をはめます。手を洗う要領で濡らします。汚れたら洗いながら使います。最後ははずして洗濯機へ。

観葉植物に

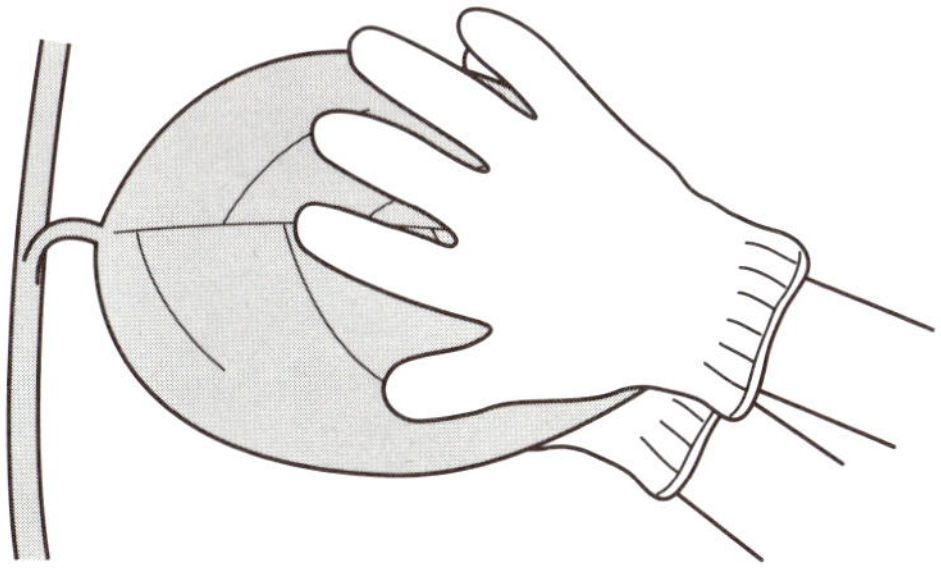

表面にホコリがついています。葉を１枚１枚はさむようにふきます。

はたきがけしにくいところに

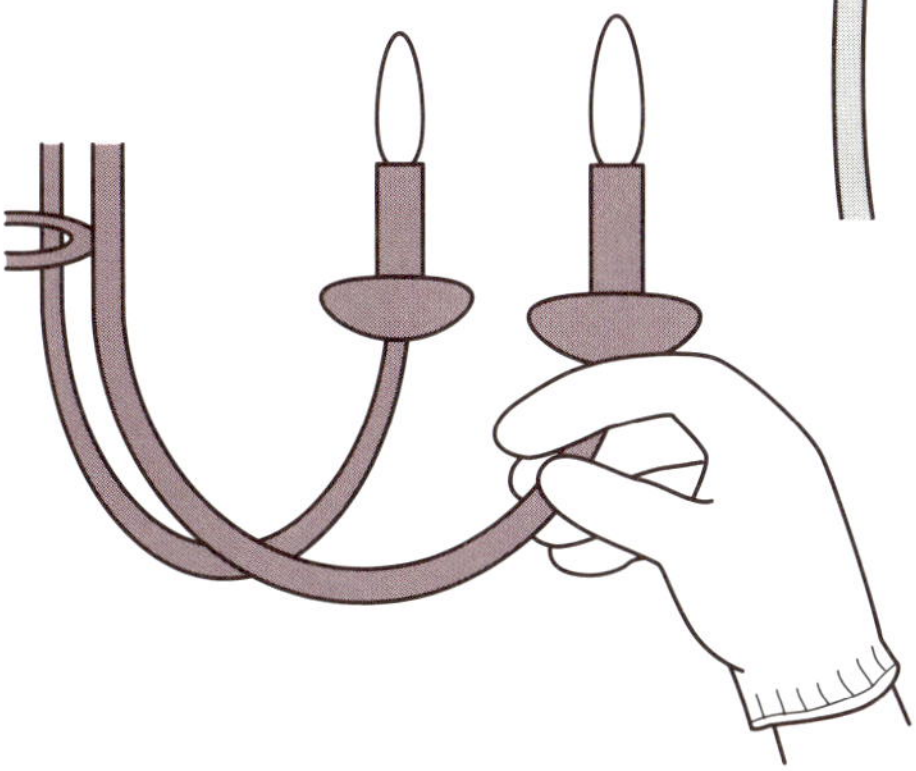

デリケートな装飾部分など、無雑作にふいたらこわしてしまいそう。軍手雑巾の指先でふきます。

掃除機＋ストローでキーボード掃除

本格派

パソコンのキーボードは、すき間にホコリがたまっています。綿棒では、すき間が多すぎて掃除しきれません。細かい掃除をする前に、掃除機をかけられないか……。こんな方法を考えました。

ノズルをつくる

掃除機のすき間用ノズルを改造して、細かい部分に掃除機がかけられるようにします。

ストローをノズルの中にあて、わりばしを添えて、養生用テープで固定します。

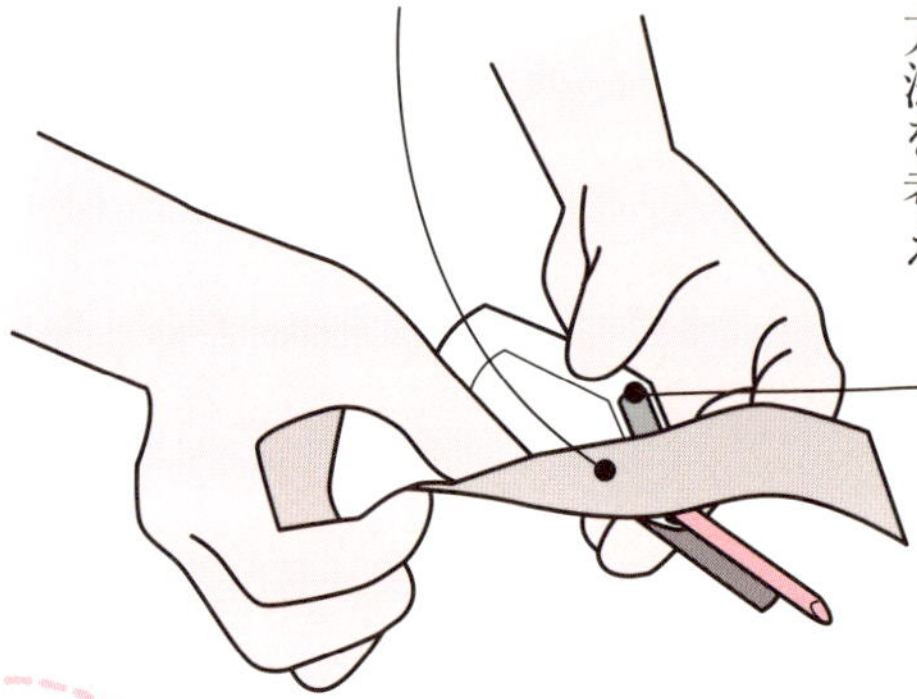
ここはテープでふさがない。あけておくこと

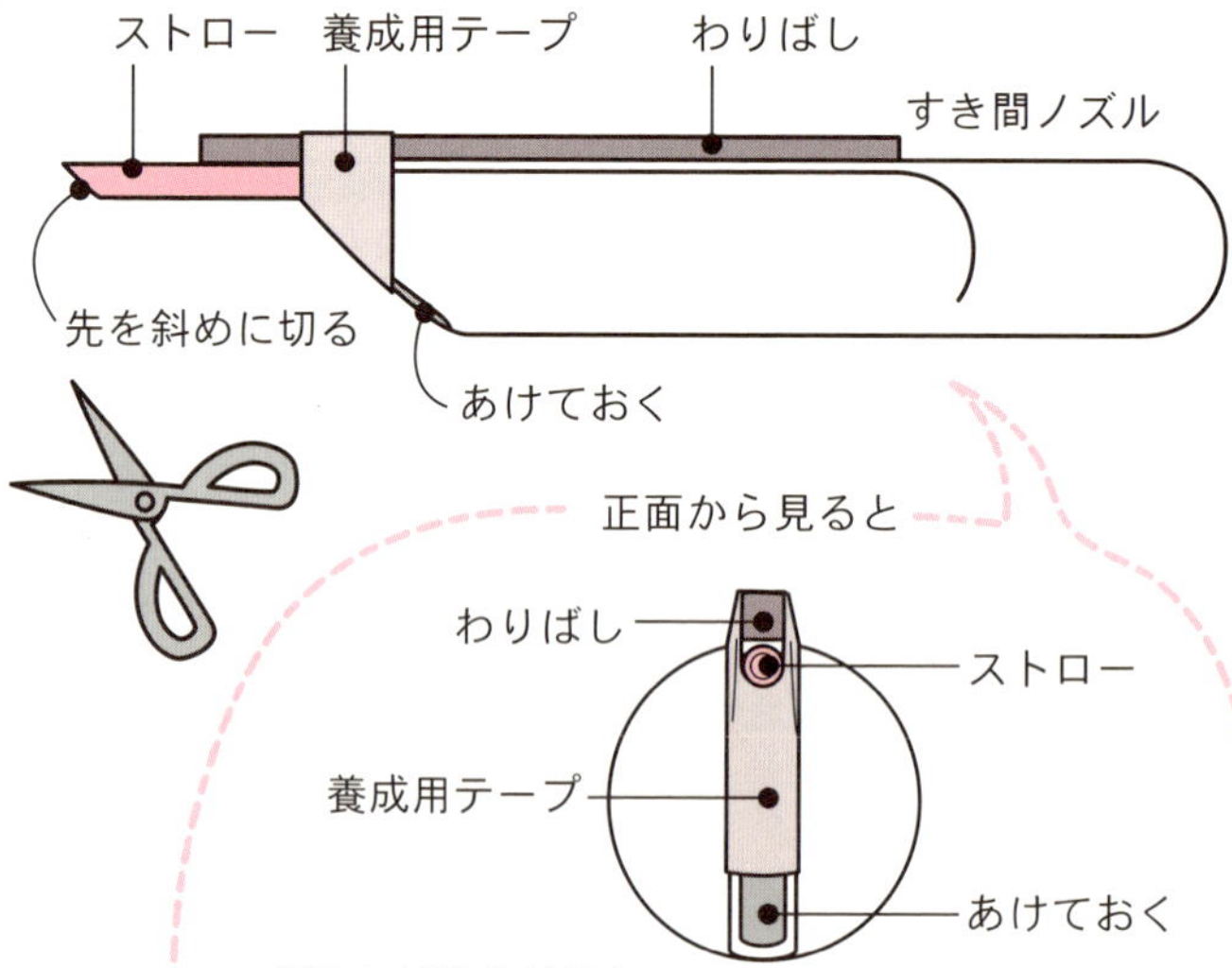
ストロー
養成用テープ
わりばし
すき間ノズル
先を斜めに切る
あけておく
正面から見ると
わりばし
ストロー
養成用テープ
あけておく

吸引力が強すぎると、ストローがペチャンコになってしまう。弱から始めて様子を見る ↔ あけた部分に指をあてて吸引力を調整しながら使う

ディスプレイをふく

静電気で吸い寄せられ、表面に細かいホコリがついています。ふきとってキレイにしましょう。

注意
強く押さない
液晶がつぶれてしまいます。

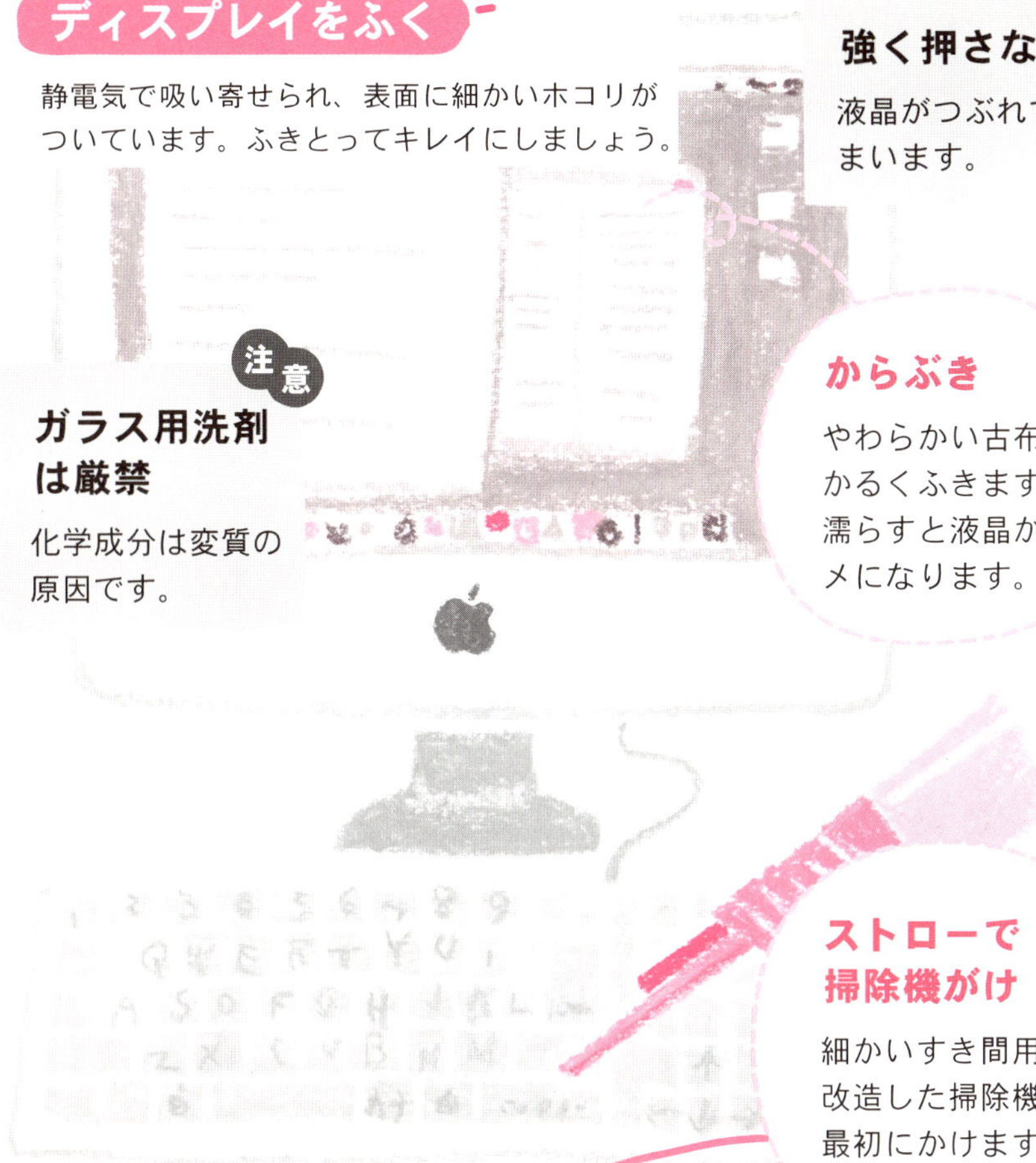

注意
ガラス用洗剤は厳禁
化学成分は変質の原因です。

からぶき
やわらかい古布でかるくふきます。濡らすと液晶がダメになります。

ストローで掃除機がけ
細かいすき間用に改造した掃除機を、最初にかけます。

キーボードのホコリをとる

細かいところは綿棒で
さらに綿棒で、キーのすき間をふいていきます。綿棒は少し湿らせるといいでしょう。

市販品は
ホコリを掃き出すタイプは、単にホコリを舞い上がらせるだけ。ホコリをくっつけるタイプは、綿棒の代わりになります。

先に小さいスポンジがついているタイプは洗って何度も使える

驚きのボンドパックでピカピカ

本格派

リモコンの汚れ防止に、ラップをかけて使う人もいます。たしかに効率的だけれど、なんとなく所帯じみているような気がして……。ボンドパックをすれば、ピカピカになります。手をふれず自然にたらす、が肝心です。

かなりの荒技です。リモコンが壊れても保障できませんので、あしからず。

ボンドをたらす

「ボンド」のような木工用接着剤を大胆にデローッと流し出し、全体をおおうように

注意

ボンドを均一にしないこと

自然に流し出すと、ボンドには厚いところと薄いところができてしまいますが、そのままに。均一にする必要はありません。

コツ

ボンドはたらしたまま

たらしたボンドにはさわらないこと。均一にするなど、ボンドにふれると、リモコンのすき間にボンドを押しこむことになってしまいます。

金具のレールにも

敷居のふちや金具類もボンドパックができます。クリア塗装テーブルのトップなどは新品のようになります。

注意

素材に注意

浸透性のある素材や複雑な細工、はがれそうな表面加工や塗装、木製品にはボンドパックはできません。

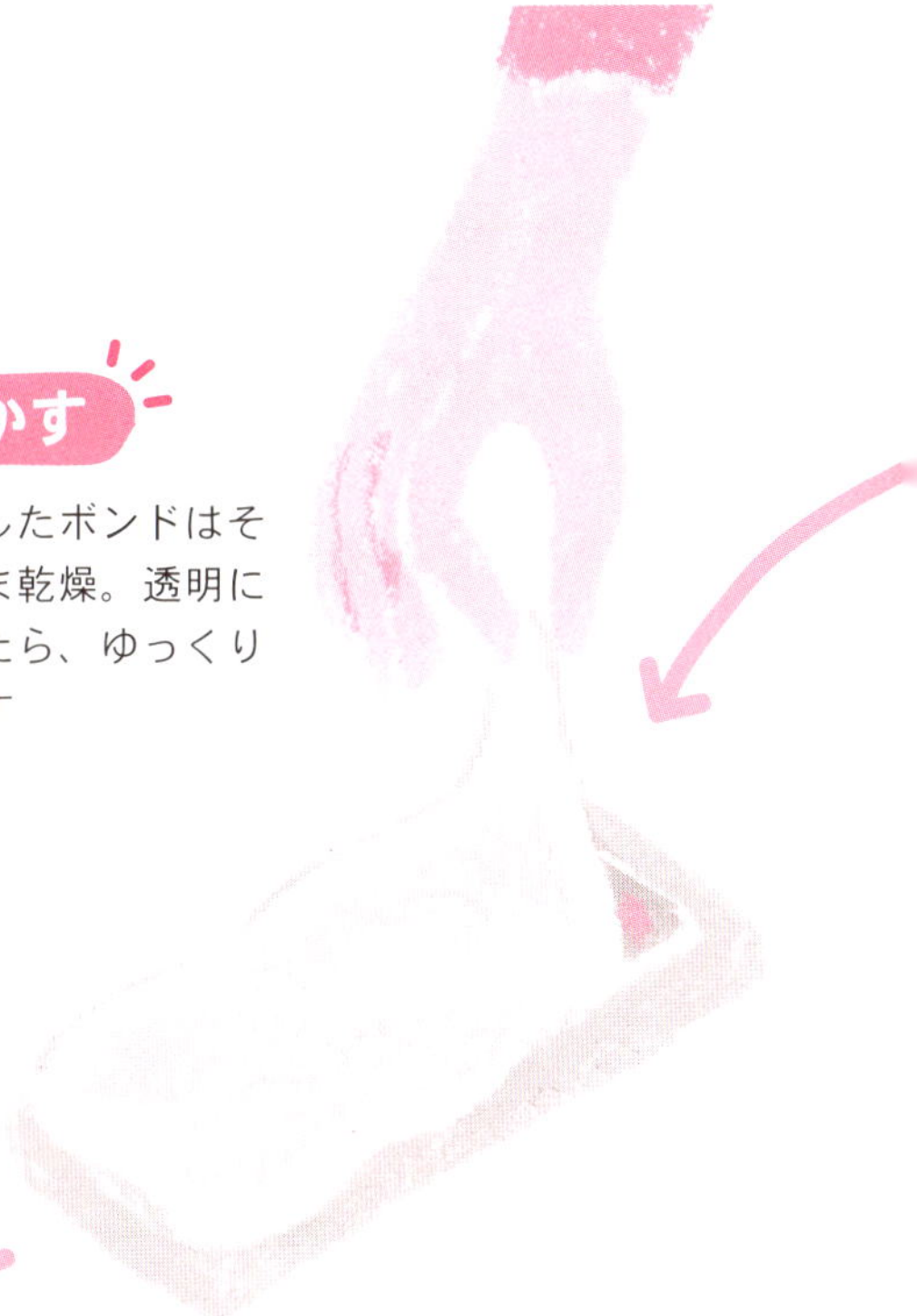

乾かす

たらしたボンドはそのまま乾燥。透明になったら、ゆっくりはがす

新品同様

ホコリや細かいゴミがすっかりとれて、ピカピカ

コツ

透明になったら

ボンドが乾燥して透明になるまで待ちます。半乾きのうちにはがすと、ボンドが部分的に残り、とれなくなることも。

材質に合わせて掃除と補修を

本格派

ふだんの掃除では、はたきがけでホコリをとりますが、汚れがついた壁は、ふき掃除が必要です。
傷や穴を見つけたら、広がらないうちに補修をします。これも家にある物で簡単にできます。

水ぶきが基本

壁の材質に合わせて、汚れをふきとります。

布製

まず、からぶきを。汚れがとれなければ、かたくしぼった雑巾で汚れをたたき出すように。こすると汚れが広がってしまいます。

ビニールクロス

かたくしぼった雑巾で汚れをたたくようにしてとります。それでもとれない場合は、左ページのように。

木製

かたくしぼった雑巾で水ぶきします。そのあと、よく乾燥させるか、からぶきで仕上げます。

注意

壁紙を貼り合わせたところを不用意にこすると、はがれてしまいます。

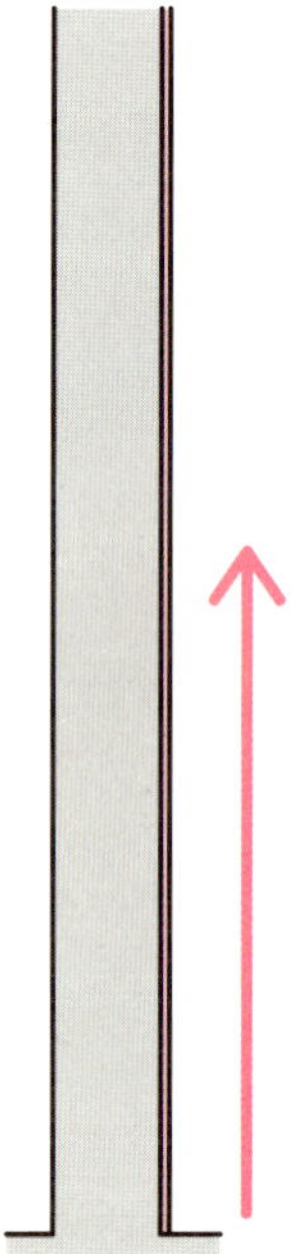

壁のホコリは上から下につくもの。下から上にふいていくほうが、キレイにとれる

ビニールクロスの汚れ

凹凸があるビニールクロスなど、汚れがとれにくい場合は、たわしを古タオルに包んでふきとります。

古タオル
たわし

住居用洗剤を湿らせてふいてもよい。そのあと水ぶきを

壁の傷や穴の補修

クロス貼りの壁をひっかけて、はがしてしまったら、なるべく早く手当てをします。また、プッシュピンの穴などはふさいでおきます。

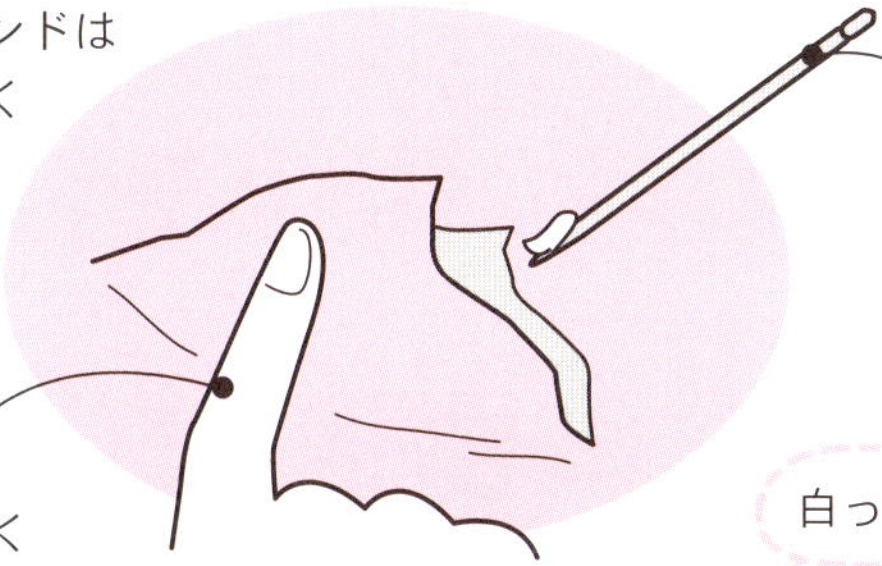
はみ出したボンドはふきとっておく
つまようじにボンドをつけ、薄く伸ばしながら
片手で少しずつ貼っていく

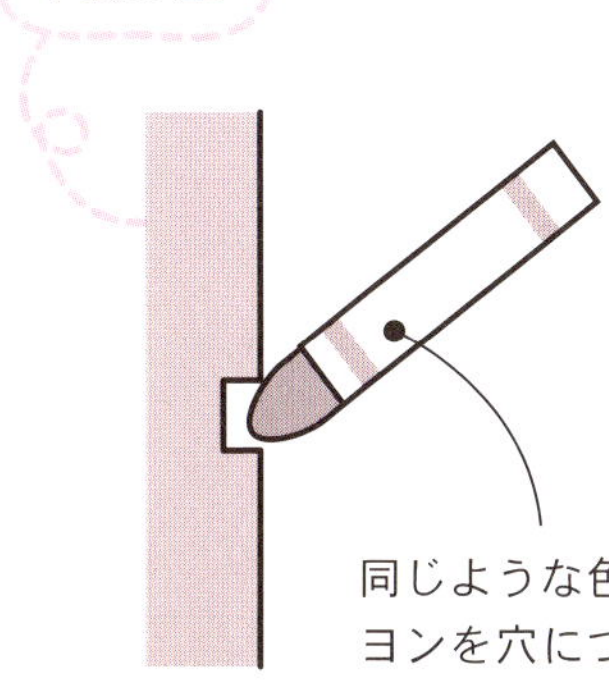
木製の壁
同じような色のクレヨンを穴につめる

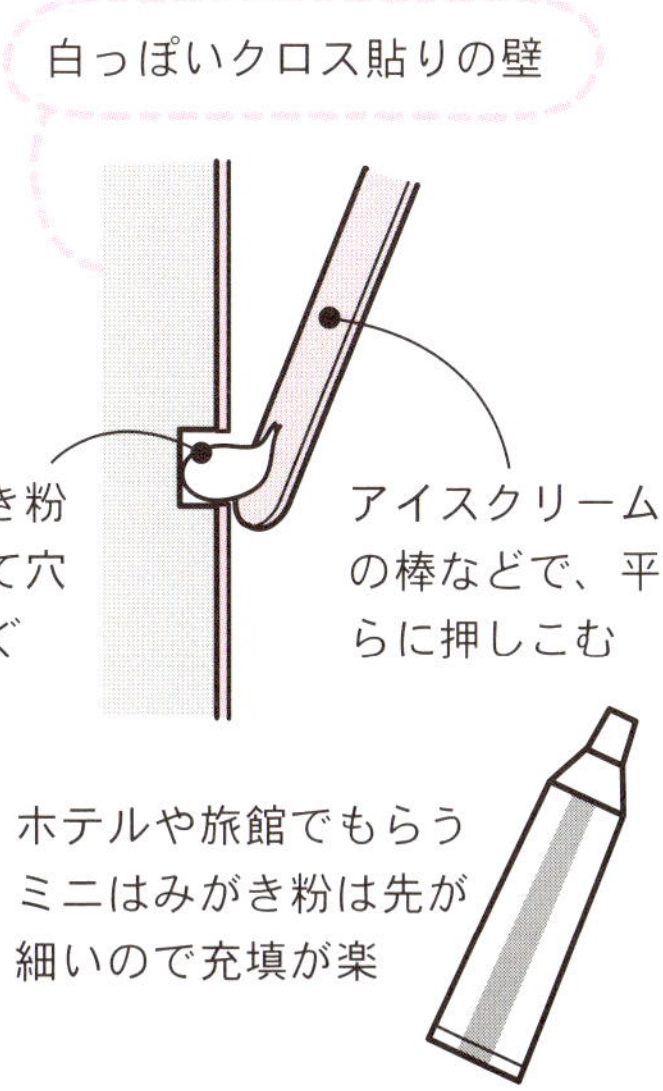
白っぽいクロス貼りの壁
はみがき粉をつめて穴をふさぐ
アイスクリームの棒などで、平らに押しこむ
ホテルや旅館でもらうミニはみがき粉は先が細いので充填が楽

壁の落書きは予防が第一

落書きはダメというより、ここにしてもいいよというスペースをつくりましょう。

スプレーのりで

ビニールクロスの壁なら、厚手の模造紙の全面にスプレーのりをつけて貼ります。スプレーのりは、紙・プラ用の強力タイプを。スプレーして、よく乾いてから貼れば、あとではがせます。

コツ

目立つところに

いい場所を落書きコーナーに。廊下の暗いすみなどは子どもも落書きしたくない。

シールも同様

シールを貼っていい家具などを決めます。おもちゃ棚など、使っている家具を。いらないものにはシールを貼りたくない。大事な家具にこそ「大事な」シールを貼りたいのです。

Part 6

開口部は自然の力を利用して

窓、玄関、ベランダなどの開口部の掃除は、
お天気しだい。と聞くと、晴れた日に、と思うでしょうが、
じつは雨の後がいちばんです。
掃除に必要な水が、天から降ってくるのですから、
これを利用しないテはありません。

ワンポイントアドバイス

雨水で外まわりの仕事をすませる。

曇りの日に内側の窓ふきを

晴れた日は、窓のガラスが光をキラキラ反射して、汚れがさっぱりわかりません。窓ふきは曇りの日が最適です。最初に濡らし、そのあとからぶきが基本です。鏡や家具のガラス扉、額のガラスも同様です。

湯

雑巾を湯でゆるくしぼって、ザザッと雑にふきます。

↓

からぶき

水分が乾かないうちに、古布でからぶきして仕上げます。

濡れ新聞紙

１枚の新聞紙に水を吸わせてかるくしぼり、全体をふきます。

↓

乾いた新聞紙

仕上げに、乾いた新聞紙で水分をふきとりながら、みがいていきます。

油分で光るというのは誤解!?

新聞紙で仕上げると窓ガラスがピカピカになるのは、インクの油分のためというのは、間違いという説も。古布や、ほかの紙、たとえば余った障子紙などでみがいても、ピカピカになります。

知恵

結露で窓ふき

冬の寒いとき、室内が暖かいと窓ガラスが結露でくもります。このときこそ、窓ふきのチャンス。最初の水ぶき省略で、すぐにからぶきができます。これも自然の力を利用した掃除法のひとつです。

本格派

家の内側は曇りの日に

日常的には、曇って汚れがわかる日に、家の中から内側をふきます。これだけでも、かなりキレイに過ごせます。

乾く前に新聞紙でからぶきしながらみがき上げる
丸める
新聞紙をぐちゃぐちゃと丸めて、からぶきします。
縦に半分
新聞紙を半分に切る。縦半分にすると、スーッと手で裂けます。
霧吹き
水を入れた霧吹きスプレーで、ガラス全体にシュッ。

窓
ガラス

外側は晴れた湿度の低い日に水洗い

本格派

窓ガラスの外側は、ホースで水をかけて洗ってしまいましょう。

ところで最近の集中豪雨。廂《ひさし》のないところは、雨水がたたきつけ、窓ガラスがすっかりキレイになります。そこはふかなくても、いいみたい。

水をかける

左ページのようにホースで水をかけるか、濡れ雑巾でザザッとガラスを濡らします。

↓

ハンドワイパー

ハンドワイパーで水分を落とします。上から下へ、勢いよくふき下ろします。

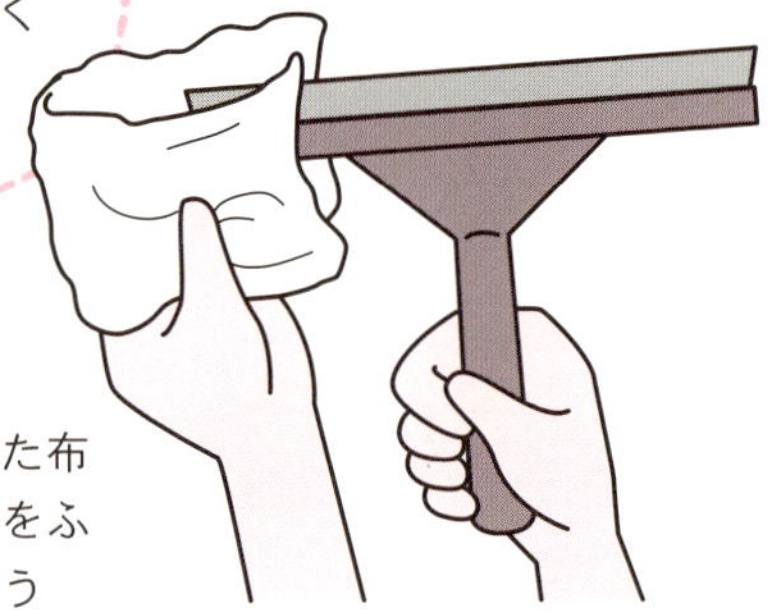

1回ごとに乾いた布で、汚れと水分をふきとりながら使う

知恵

手が届かないところは

外から洗えないうえ、窓が小さかったり、高かったりして、家の中からも手が届かないところは、簡単な道具を手づくりします。タオルの端をラップの芯の中に入れ、芯にタオルを巻きつけてもちます。

上のほうまでふける

家の外側は洗ってしまう

窓をきっちり閉めたら、長いホースを使って、窓ガラスに水を勢いよくかけて洗います。

モップでも

汚れは雑巾でこすり洗いします。高いところはモップやデッキブラシでもいいでしょう。

水圧で

ホースの水を勢いよくかければ、水圧で汚れが落ちます。高いところなど、これでOK。

↓

からぶき不要

外は自然に乾くので、ふきとらなくてもかまいません。秋の乾燥した日にするといいでしょう。

注意

マンション2F以上ではできない

こんな豪快な窓ガラス掃除は、階下にめいわくがかかります。P144で紹介した、家の中の窓ふきと同じ方法にしましょう。

サッシのレール

雨あがりの日が掃除びより

日常

サッシのレールには、砂やホコリがたまっています。それに気づかず、窓を開け閉めしていると、すみにギュッとおしつぶされたようになったり、レールにこびりついたりします。

雨があがったら掃除をしましょう。

乾燥しているときにすると

掃除の本には、天候との関係はとくに書いてないが、晴れた日にレールの掃除をすると、砂ボコリが立つことに。

レールの掃除には、サッシ用の毛が長いブラシが市販されている。晴れて乾燥した日に掃除をしても、汚れはなかなかとれない

サッシのレールは入り組んでいるから、掃除は大変

まめに掃除をしている人ならこうはならないが

ときどきレールを掃除している人なら、サッシ用ブラシではらうだけで、汚れはとれるし、砂ボコリが立つほど、たまっていないでしょう。

雨水といっしょにかき出す

雨があがってすぐ、まだ水がたまっているうちに、掃除棒で雨水といっしょにかき出します。

掃除棒で

できたら、先につけるペーパーか古布をとりかえながら。あるいは、掃除棒を何本か用意して。捨てる前のフローリングシートに、もうひと働きしてもらうといいでしょう。

コツ

雨水が残っているとき

レールに残った雨水で、洗いながら掃除をする感覚で。

細かいところの砂や土汚れは、わりばしか、つまようじでつくった掃除棒（P47参照）を使う

雨がふりそうなら、はずして置く

工夫

網戸がキレイになっていないと、窓ガラスの掃除も効果なし。でも、網戸をキレイにするのは、意外と手間がかかります。網戸の両側からはさむようにふかないと、網がはずれてしまうからです。簡単な方法は……。

外に出して置く

完璧にキレイにしようとするから、手間がかかるのです。ホドホドにキレイになればいい、とわりきり、雨を利用させてもらいましょう。

網戸をはずし、ベランダに立てかけて置く。なるべく雨水がかかるように

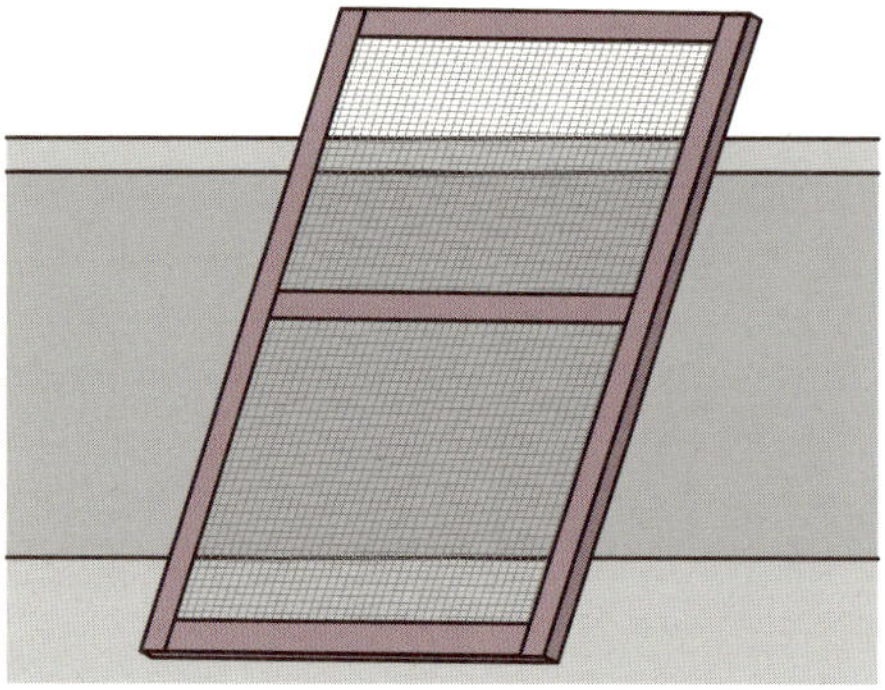

コンクリートに水平に置けば、まんべんなく雨水がかかる。飛ばないよう、四すみに重石を置く

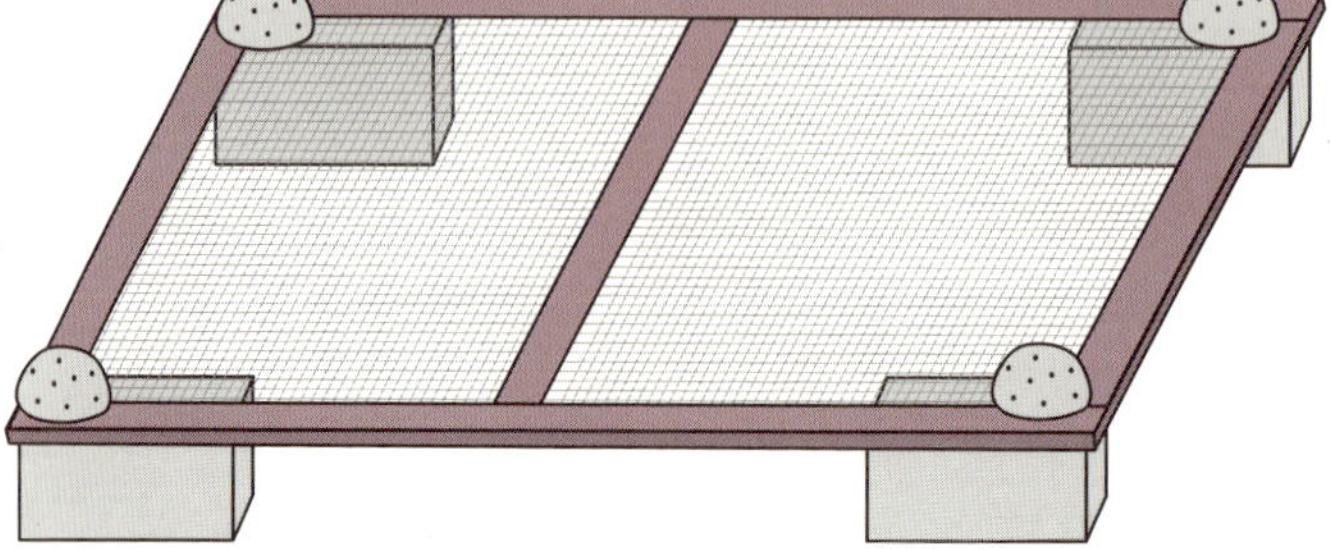

ひと雨きそうなときに

どしゃぶりの雨が、網戸を洗うのにいい。空模様があやしくなってきたら、網戸をはずし、右ページのように準備しましょう。

注意

風の強さに注意

なるべく集中豪雨のような強い雨がいいとはいえ、台風のように風が強いときは危険。網戸が飛んでいって、別のトラブルになること必至です。

ハーブティーの茶殻でいい香り

玄関のたたきは単にほうきで掃くだけでは、土ボコリが舞ってしまいます。水を流しながら掃除できれば、いちばんいいのですが、構造上の理由などで無理なことも。茶殻をまいてホコリごといっしょに掃き集めます。

茶殻をまいて

なるべく大きめの茶葉のほうが掃除しやすい。ハーブティーの茶殻なら、玄関がほんのりいい香りになります。

コツ

茶殻や新聞紙をころがしてホコリをからみつかせるよう意識しながら、ほうきで掃き集めます。

新聞紙を濡らしてまく

茶殻がないという人は、新聞紙を濡らし、ちぎってまきます。

知恵

くつの裏をキレイにしておく

たたきに砂や土を運んでくるのは、くつ。裏をキレイにしておくと、たたきの汚れが減ります。とくに子どものくつは要注意。いったいどこを歩いてきたんだ、という汚れがついていることも。

柄つきたわしで裏だけでも洗う

たたきの掃除

水を流して掃除をしたら、しっかり水はけを。水を流せないときには、ホコリをまといつかせる物といっしょに、ほうきで掃きます。

一戸建てでも

たたきに置いたげたばこが木製なら、水洗いをすると、脚が濡れたままになりがち。やがて腐ってきます。

すみは新聞雑巾で

たたきのすみは砂や土汚れが残りがち。しっかり濡らした新聞紙を丸め、雑巾のように使う

マンションでも

たたきに水を流せないつくりのマンションは多い。知らずに水洗いすると階下に大迷惑。

げたばこ

風を通したうえで紙を敷く

臭いや湿気がこもりやすいのが、げたばこ。ふだんは両側の扉を少し開けて、風が通るようにしておきましょう。くつをしまうとき、汚れたままにしないこと、濡れたくつをしまわないことも、気にしてください。

紙を敷く

新聞紙は湿気をとるにはいいけれど、所帯じみてる気がします。100円ショップなどでかわいい包装紙を買って敷くほうが、楽しいです。

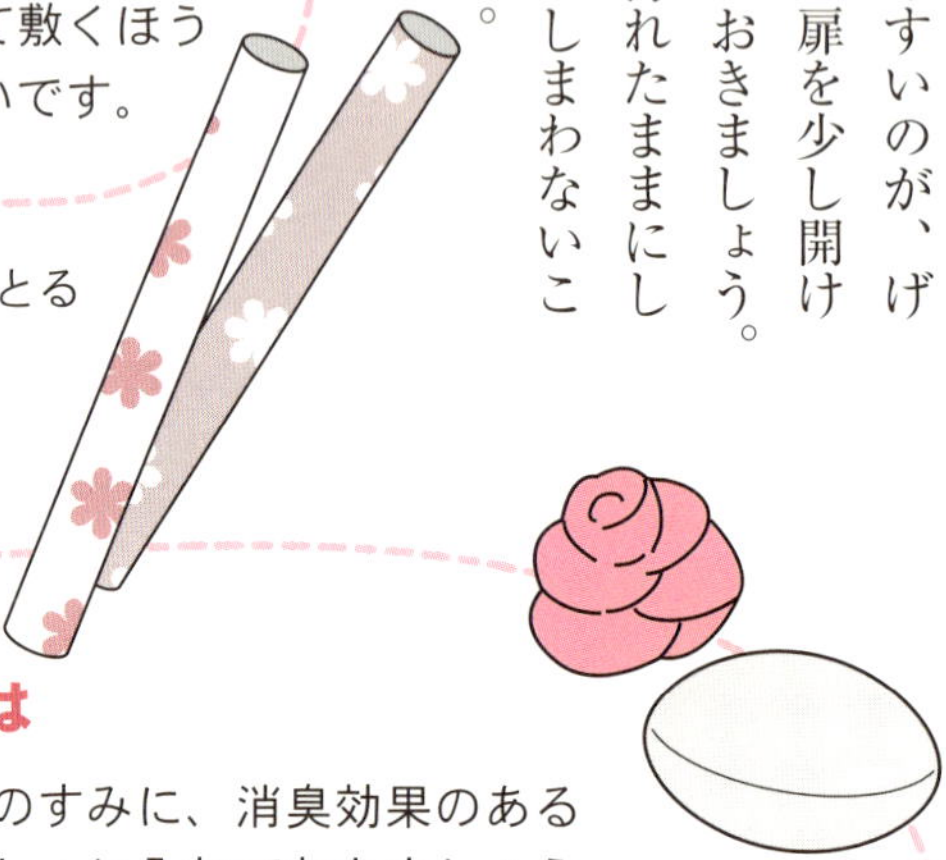

和紙も湿気をとる

消臭には

げたばこのすみに、消臭効果のある物をいっしょに入れておきましょう。

茶殻

乾燥させ、小さな布袋に入れて

化粧石けん

香料が添加されているものを

重曹

小さな袋に入れて。数ヵ月たったら排水管掃除にリサイクル

コーヒーかす

乾燥させ、小さな布袋に入れて

小さな袋につめるとかわいいけれど、古い靴下を利用すれば、すぐに捨てられて便利

工夫

湿気と臭いをとる

げたばこの２大トラブルは湿気と臭い。お出かけ前にげたばこをあけたとき、ムッとすると、気分がへこみます。

くつは乾燥してから、
げたばこにしまうのが原則

濡れたくつには新聞紙を

雨で中まで濡れたくつには、新聞紙を丸めてつめておくと早く乾く。ほどほどに乾いたら、新聞紙をとり除き、風を通して。

玄関
ドア

玄関ぼうきでついでに掃く

凹凸のある玄関ドアには、ホコリがたまっています。玄関ドアは家の顔。ときどきはらっておきましょう。

ホコリをはらうように

玄関のたたきを掃除したついでに、ドアをササッとはらいます。

ドアノブはふく

たまには、ドア全体を水ぶきします。ドアノブも水ぶきを。

凹凸面を

とくにホコリがたまりやすいところ。泥はねがついていることもあります。ここだけでも、はらっておきましょう。

玄関ドアの前も、ほうきで掃いておこう

日常

ベランダ

デッキブラシで雨水洗い

本格派

雨がふきこんだときが掃除びより。まだ雨水が残っているうちに、ブラシでこすり洗いしてしまいましょう。

みぞに向かって

ベランダの外側には、排水溝があります。そこに流しこむように。ただし、マンションでは階下に水がかからないよう注意してください。

てすりに鳥のフンがついていることも。ブラシでこすり洗いします。

たまった雨水で

わざわざベランダまで水を運んでこなくてもすみます。

それほど雨水がたまらない、というなら、バケツを置いておくというテも。ただし、掃除に使わないと、蚊がわくことに

あとがき

仕事や子育て、ボランティアなど、忙しい毎日を送っていても、キレイに生活している人たちがいます。だれでも一日は二四時間なのに、いったいどうやっているのか、不思議なほど。この本では、そうした評判の主婦たちが、忙しいなかで、いかにスピーディーに掃除をしているのか、アイデアを集めました。

本書の製作にあたり、主婦たちのアイデアを集めるとともに自分の工夫を提供してくれたのは主に、パッケージデザイナーの穂波さんとホームファニシング・プランナーの淳子さんです。アイデア提供者は、服飾デザイナー、ピアノ教師、編集者、イラストレーター、専業主婦など。多くのアイデアをもとに、編集部が追加取材と確認作業をしたうえで、一冊の本としてまとめました。

どれも、皆がふだんしている「手抜き掃除法」ばかりです。なかには、読者の方から見たら、えーっ、こんなひどいこと、というものも含まれるかもしれません。科学的には少しまちがっているものもありそうです。でも、実際にやっていて、キレイを保っているのは本当です。

皆、ことさら「掃除！」とかまえずに、なにかのついでに掃除をしているということが共通点でした。掃除の技術よりも、キレイに対する感性をもちつづけ、生活を楽しんでいるようです。

そしてもうひとつの注目点は、ほとんどの方法が環境にやさしいということ。とくに意識しなくても、もうエコはあたりまえになっているようです。

本書は、手抜き掃除法というより、エコ的スピーディー掃除法といったほうがいいかもしれません。どれかひとつでも、あなたに役立つ情報があれば、と願っています。

参考文献

- 赤星たみこ『エコロなココロ』大和書房
- 阿部絢子『掃除の達人になる！』大和書房
- ＮＰＯ法人おばあちゃんの知恵袋の会監修『おばあちゃんの知恵袋』学習研究社
- 佐光紀子『なるほどエコ生活』リヨン社
- 『家内安心　暮らしの便利事典』小学館
- 『トクする家事の知恵とコツ500』主婦と生活社

らくらくお掃除研究会

20代から70代までの、多忙な主婦のグループ。デザイナー、プランナー、ピアノ教師、編集者、イラストレーター、専業主婦も。お掃除が苦手、キライ、時間がない、などのさまざまな理由から、いかに楽に早く手を抜いた掃除をしてもキレイに暮らせるか、知恵をしぼっている。忙しい合間をぬって集まり、雑談をまじえて会議、検討を重ねている。

装丁　石川直美（カメガイ デザイン オフィス）
装画　みうらし〜まる
本文イラスト　後藤蘭　みうらし〜まる
本文デザイン　南雲デザイン
編集協力　新保寛子（オフィス２０１）
編集　福島広司　鈴木恵美（幻冬舎）

知識ゼロからの手抜き掃除

2008年11月30日　第１刷発行

編　著　らくらくお掃除研究会
発行者　見城 徹

発行所　株式会社 幻冬舎
〒151-0051　東京都渋谷区千駄ヶ谷4-9-7
電話　03-5411-6211（編集）　03-5411-6222（営業）
振替　00120-8-767643
印刷・製本所　株式会社 光邦

検印廃止

ISBN978-4-344-90135-3 C2077
Printed in Japan
幻冬舎ホームページアドレス　http://www.gentosha.co.jp/
この本に関するご意見・ご感想をメールでお寄せいただく場合は、comment@gentosha.co.jpまで。